ХОДІТЬ ЗІ МНОЮ!

СЕРІЯ ЧИТАНОК ДЛЯ РОЗВИТКУ УКРАЇНСЬКОЇ МОВИ:
1. Тут і там
2. Друзі
3. Школа
4. Пригоди
5. Казки
6. Ходіть зі мною
7. Наші скарби

ХОДІ́ТЬ ЗІ МНО́Ю!

Xenia C. Turko

Helen Grekul

Ukrainian Language Consultant
Yar Slavutych

Illustrated By
Henricus Cornelius Zyp

PUBLISHED BY ALBERTA EDUCATION, EDMONTON
and the
MULTICULTURALISM DIRECTORATE
DEPARTMENT OF THE SECRETARY OF STATE
OTTAWA

©Her Majesty the Queen in the
Province of Alberta, Department of Education
1978

ЗМІСТ

Ковбої і індіяни

У далеку дорогу 8
Галло! Хто ти? 9
Таврування 10
Ранчо 12
Родео 19
Село віґвамів 26
Леґенда 29
Дівчата йдуть 34
Невидимий хлопчик 35
Перегони 43
Село 47

Українці

Свято 56
Малі козаки 62
Татарин у вулику 67
У музеї 75
Січ 77
Концерт 87
Козаки 92
За часів Ярослава Мудрого 104

ЗМІСТ

На перекусці 112
Анна Ярославна, королева Франції 116
Славний князь Ярослав 119
Князівна Єлисавета 124
Виставка 131

Інуїти
До холодного краю 138
Нові друзі 143
Не все, що нове, то краще 146
Рачки в іґлу 148
Як крук дзьоба загубив 153
Банк культури 156
У селі 161
Колись і тепер 168

Чудовий край
На південь до моря 180
Лови на слонів 184
Верблюди в горах 189
Через Скелясті гори 192
Пригода дідуся в новому краю 194
Нарешті вдома 198

До книжки «Ходіть зі мною!» у серії читанок для розвитку української мови ввійшли легенди індіянські й інуітські, що їх автори цієї книжки переказали українською мовою.

До цієї книжки також увійшли оповідання й перекази про пригоди поселенців у скелястих горах та піонерів на преріях Канади.

У цій книжці вживається багато чужих імен і слів, щоб учень міг побачити подібність цих оповідань до розповідей англійською мовою.

КОВБОЇ І ІНДІЯНИ

У ДАЛЕ́КУ ДОРО́ГУ

— Ма́мо, ма́мо! — закрича́ла Ле́ся. — Де Петро́? Листоно́ша дав мені́ лист для ньо́го.

— Я не зна́ю, Ле́сю, — сказа́ла ма́ма. — Він ма́буть надво́рі ба́виться з Сірко́м. Піди́ й поклич його́ в ха́ту.

— Ти ма́єш лист для ме́не? — пита́є Петро́. — Дай мені́!

— Ти ще не вмі́єш чита́ти, — сказа́ла ма́ма. — Неха́й Ле́ся ска́же, що там напи́сано.

листі́вка.

Дороги́й Петру́сю!
   Мій ко́шик лети́ть на пі́вдень (а я в ко́шику). Я ба́чу вели́ке ра́нчо. Ви́дно поля́, а на них ко́ні й худо́ба. Я бу́ду писа́ти тобі́ про все, що поба́чу.
   Від тво́го за́йчика,
   Десь на п. в Кана́ді.
   п = пі́вдні

Петро́ Кова́ль
десь на пі́вдні
Кана́да

ГАЛЛО́! ХТО ТИ?

Лети́ть за́йчик, лети́ть, і ра́птом чу́є:
— Гей, Вуха́тий! Куди́ лети́ш? Хіба́ не зна́єш, що за́йчики не літа́ють?

Ди́виться за́йчик, а то — ні́би воро́на, ні́би смішни́й дя́тел, не зна́ти, що воно́ таке́.

— А хто ж ти таки́й? — пита́є за́йчик.

— Я назива́юся Сту́кало-Дзьо́бало, — сказа́ло воно́. — Я допоможу́ тобі́ сі́сти на по́ле.

ТАВРУВА́ННЯ

Са́ме в той час ї́хали ковбо́ї ве́рхи на пасови́сько і поба́чили дру́зів.

— Гей! Ході́ть зі мно́ю! — сказа́в оди́н ковбо́й. — Нам тре́ба помічникі́в. Бу́демо таврува́ти худо́бу.

— Тавру… таврува́… таврува́ти? А що це таке́? — запита́в за́йчик.

— Бу́демо випа́лювати тавро́ «ББ» на клу́бах теля́т, — відпові́в ковбо́й.

— А як ви це ро́бите? — зно́ву запита́в за́йчик.

— Спе́ршу тре́ба взя́ти ласо́, або́ арка́н, і злови́ти теля́. По́тім тре́ба звали́ти його́ на зе́млю, взя́ти розпе́чене залі́зо й прикла́сти на клуб теля́ти. Залі́зо ви́палить тавро́ на клу́бі, — розпові́в ковбо́й. — А тоді́ теля́ ско́чить на но́ги й побі́жить на по́ле.

— Я ду́маю, що ми тут вам бага́то не допомо́жемо, — сказа́ло Сту́кало-Дзьо́бало. — Кра́ще пі́демо подиви́тися на ра́нчо.

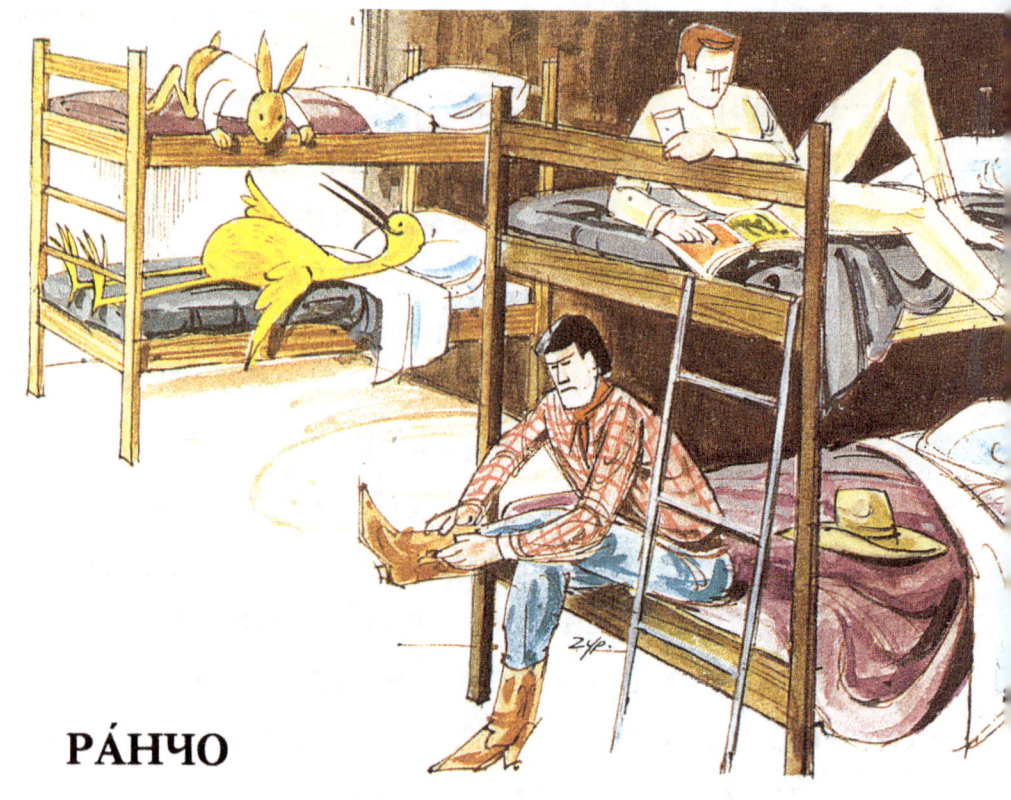

РА́НЧО

І Сту́кало-Дзьо́бало та за́йчик пішли́ ра́зом до куреня́. Там вони́ поба́чили двоповерхо́ві лі́жка. Оди́н ковбо́й сказа́в їм ви́брати собі́ лі́жка, бо вони́ бу́дуть там спа́ти.

За́йчик шви́дко ско́чив на ви́ще лі́жко.

— О, тут бу́де до́бре спа́ти, але́ тре́ба стерегти́ся, щоб не скоти́тися з лі́жка. О! до́сить дале́ко до підло́ги, — сказа́в він.

— А я бу́ду спа́ти ось тут під

тобо́ю, — сказа́ло Сту́кало-Дзьо́бало. — Ті́льки диви́ся, щоб ти ча́сом не скоти́вся на ме́не.

— А тепе́р пі́демо до за́городи подиви́тися, котри́й кінь бу́де для те́бе, Вуха́тий, — сказа́в ковбо́й Тимко́.

Ось тобі́ цей бі́лий капелю́х, — сказа́в ковбо́й Гнат.

— О-о! Ковбо́йський капелю́х! — сказа́ло Сту́кало-Дзьо́бало. — Тепе́р ти спра́вжній ковбо́й.

— Ході́ть зі мно́ю! — сказа́в ковбо́й Тимко́. — Я покажу́ вам, де стоя́ть ко́ні.

І Сту́кало-Дзьо́бало, за́йчик Вуха́тий і ковбо́й Гнат пішли́ з Тимко́м. У за́городі стоя́ли ко́ні. Оди́н бі́лий кінь підійшо́в бли́зько до за́йчика.

Цей мені подобається, — сказав зайчик. — Чи можна вже їхати?

— Ні, цей кінь ще дикий, — сказав Гнат. — Він тебе скине. Дивися, зараз Тимко буде їздити на ньому. Тимко може сісти й на дикого коня, їздити ним, аж поки він не перестане фиркати.

І справді кінь почав фиркати, як тільки Тимко сів на нього. Він скакав угору і хотів скинути Тимка. Але Тимко тримав повід в одній руці, а другою махав капелюхом — і кінь не міг його скинути.

— О, він тримає повід тільки однією рукою! Як же він може втриматися на коні? — здивовано запитало Стукало-Дзьобало.

— Він тримається коня ногами, — відповів Гнат. — Так кожний повинен триматися коня, коли їде верхи.

— Но! Ї-пі! Тримайся, ковбою! — кричали Стукало-Дзьобало й зайчик.

Нарешті кінь утомився й перестав фиркати. Він став та опустив голову.

— Овва! Не так уже й тяжко, — сказав зайчик. — Я можу також це зробити.

І він скочив на коня. А здивований кінь — як підскочить угору та як фиркне... Капелюх полетів в один бік, а зайчик у другий. Упав зайчик на сіно, що було в загороді.

— Гі-гі-гі! Оце такий ковбой! — засміялося Стукало-Дзьобало. — Я думаю, що тобі ще не до коня. Ти мабуть хочеш бути астронавтом і летіти у простір.

— Тобі не до такого коня, як цей білий кінь, — сказав Гнат. — Але той чорний кінь дуже спокійний. Ти можеш їхати ним. Ану, спробуй.

Зайчик сів на Вороного і спокійно об'їхав верхи навколо загороди.

— Сідлайте свої коні, — сказав Тимко одного ранку. — Сьогодні поїдемо оглянути ранчо. Тому що ранчо дуже велике, нам треба буде спати одну ніч на полі. Повернемось до куреня аж завтра.

Тимко їхав попереду. За ним їхав Вухатий із Стукалом-Дзьобалом, а за ними, один за одним, їхав Гнат та інші ковбої. Довго вони їхали, часом зупинялися на кілька хвилин, щоб коні відпочили. Тоді зайчик і Стукало-Дзьобало питали ковбоїв про життя на ранчо.

Коли сонце було вже низько на заході, Тимко сказав:

— Тут біля річки добре місце відпочити. Тут будемо й ночувати. Треба напоїти коней і пустити їх пастися. А ми будемо вечеряти.

Коли вже доглянули коней, тоді зійшлися всі біля великої ватри. Усі взялися до праці — одні носили дерево на вогонь, інші принесли воду на каву. І незабаром вечеря була готова — смачне м'ясо, варена квасоля, печена картопля, кава та хліб. Після вечері Гнат грав на гітарі — усі співали ковбойські пісні.

Часто було чути: — Йодлю... Йодлю... — Зайчик також голосно йодлював.

Сонце вже зайшло і місяць високо світив над деревами. Усе затихло, тільки час від часу було чути, як вили вовки й койоти. Усі спали.

Рано вранці збудило всіх сонце. Кухар напік багато млинців, насмажив бекону й заварив кави. Усі смачно наїлися, осідлали коні та й поїхали далі в дорогу.

Дорогий Петрусю!
Мій кошик далі летить. Зі мною летить Стукало-Дзьобало. Не завжди можна їхати верхи. Тут є дикі коні — можна полетіти у простір. Люди мають імена, а телята на ранчо мають тавро. Надворі добре спати, а біля вогню можна смачно їсти і весело йодлювати.
Йодлю! Йодлю!
Від Вухатого,
Ще в Канаді, я думаю.

ЛИСТІВКА.

Петро Коваль
Канада

РОДЕО

У-рааа!.. Кричать слова на малюнку у крамниці.

Хлопці тиснуть свої носики до вікна, щоб краще побачити малюнок. А на малюнку — ковбої, індіяни, бички! Буде родео в місті! Хлопці з різних ранчо будуть брати участь у змаганнях. Там будуть також хлопці з індіянських резерв. Це найбільша подія в житті кожного хлопця. Будуть змагання в їзді на диких конях, у ловленні бичків і в киданні ласо.

— Гей, Стукало-Дзьобало, дивись! Таж то Федько й Чибик. Вони, мабуть, запишуться на змагання, — сказав Вухатий. — Федько живе на тому великому ранчо, де ми недавно були. Минулого року він пробував їздити на бичкові, але бичок його скинув.

— Швидко, Вухатий! Та вже йди, бо я не хочу спізнитися на парад, — сказало Стукало-Дзьобало. — Чого ти шукаєш?

— Треба взяти капелюх, що його подарував мені ковбой на ранчо, — відповів зайчик.

— О, ти думаєш, що знову будеш їздити верхи на коні, що фиркає, так як тоді, коли їздив ковбой. А може ще спробуєш поїхати на дикому бичкові? — засміялося Стукало-Дзьобало.

— Невже ти думаєш, що я нічого не можу робити, як справжній ковбой? Ось я тобі покажу. Я не тільки буду їздити верхи на коні, але і втримаюся на дикому бичкові. Побачиш! — сказав зайчик.

— Ну, добре, добре. Ходімо вже, мій ковбою. Парад уже починається, — сказало Стукало-Дзьобало.

Зайчик Вухатий і Стукало-Дзьобало стоять на вулиці. Сотні людей чекають на парад.

За хвилину чути музику. Парад почався — йдуть чудові оркестри, кінна поліція, ковбої на прикрашених конях.

Раптом Вухатий побачив Федька й Чибика, що також їхали в параді. Які вони гарні у своїх білих, великих капелюхах і шовкових сорочках!

Наприкінці параду зайчик і Стукало-Дзьобало бачили індіян. Чоловіки, в чудовій вишитій одежі, їхали верхи. На головах у них були убори з пір'я. А на возах, за ними, їхали індіянки та їхні діти.

—Дивися, Стукало-Дзьобало, — сказав Вухатий. — Дивись, як гарно індіяни сидять на конях. А там також їдуть хлопці й дівчата.

— Вони мають малих коней, — додало Стукало-Дзьобало.

Такий малий кінь називається поні, — сказав Вухатий. — Чи ти знаєш, Стукало-Дзьобало, що до того часу, коли білі

люди приїхали до Америки, індіяни ніколи не бачили коня?

— Та ну! Не може бути! — здивувалося Стукало-Дзьобало. — Коли бачимо фільм чи малюнок, про індіянина, то він майже завжди на коні.

Парад був дуже довгий. Уже переїхали індіяни, вози і ще кілька людей на конях. І так парад закінчився.

Зайчик і Стукало-Дзьобало побігли на місце змагання. Там за ворітьми кожний хлопець, що записався на змагання, чекав коли йому буде час їздити на дикому бичкові.

— У-ра-а! — закричали всі. — Федько й Чибик їздили добре. Тепер поїде зайчик Вухатий.

Воро́та відчини́лися. Як стріла́, ви́скочив із за́городи ди́кий бичо́к, а по́над бичко́м пролеті́в за́йчик.

— Ааа!.. — було́ чу́ти від люде́й. — Чи він іще́ живи́й?

А за́йчик перекоти́вся — та в но́ги! Сту́кало-Дзьо́бало підняло́ капелю́х та

— Гуп! Гуп!

І собі́ —

в но́ги!

СЕЛО́ ВІҐВА́МІВ

— Ході́ть зі мно́ю! — сказа́в Чи́бик.— Я вам покажу́ на́ше село́. На ро́део індія́ни приїжджа́ють зі всіх сторі́н — де́які по́їздом, де́які літако́м, де́які авто́бусом, і́нші а́втами, а ще і́нші кі́ньми.

Під час ро́део всі індія́ни, що сюди́ приї́хали, живу́ть так, як їхні батьки́ жили́ со́тні ро́ків то́му. Віґва́м — їхня ха́та, шкі́ри на землі́ — лі́жко, а ва́тра — ку́хня. Жінки́ готу́ють ї́сти на вогні́. Старі́ жінки́ пока́зують, як ши́ти й вишива́ти оде́жу. А чолові́ки сидя́ть навко́ло ва́три й розка́зують про да́вні часи́, коли́ ще не було́ тут бі́лих люде́й.

— У... Я не хо́чу туди́ йти, — сказа́ло Сту́кало-Дзьо́бало і схова́лося за Вуха́того. — Диви́сь, яки́й там вели́кий страшни́й бик! Він ди́виться на нас.

— Не бі́йся, — сказа́в Чи́бик. — Це бу́йвол. Він спра́вді вели́кий, але́ він тобі́ нічо́го не зро́бить, бо він у за́городі.

— А чому́ ви трима́єте того́ бу́йвола тут? — запита́ло Сту́кало-Дзьо́бало.

— Коли́сь бу́йволи па́слися всю́ди на пре́ріях, а тепе́р їх мо́жна поба́чити ті́льки в па́рках, — відпові́в Чи́бик. — Коли́сь індія́ни лови́ли бу́йволів, бо з них вони́ ма́ли м'я́со, яке́ суши́ли. Те су́шене м'я́со назива́ли пемика́н. Тако́ж із бу́йволів вони́ ма́ли шкі́ри — на ша́тра, лі́жка й мокаси́ни. Ко́сті — на лопа́ти, ложки́ й миски́ та бага́то і́нших рече́й. Без бу́йволів індія́ни коли́сь не могли́ б жи́ти. О́тже, ми хо́чемо показа́ти всім, які́ то були́ бу́йволи.

Он там мій батько. Він — ватажок нашого племени. Ходімо! Він кличе нас до себе. — І Чибик повів їх до батька.

Ватажок підніс руку і сказав, — Гау, Чибик! Гау, Аблігамуч!

— Гау, — відповів Чибик і собі підніс руку.

— Гау Аблігамуч? Що це таке? — спитав зайчик.

— Він вітає тебе, — відповів Чибик. — Аблігамуч — значить «зайчик» по-індіянському, а «гау» — це «добридень!»

— О, гау, — відповів зайчик і підніс лапку, та вклонився ватажкові.

— Сідайте з нами біля ватри і послухайте старої індіянської легенди про зайчиків.

ЛЕГЕ́НДА

— Коли́сь давно́ за́йчик Аблі́ґаму́ч був зо́всім і́нший, як сього́дні. Він був кругле́нький, із рі́вними й коро́ткими нога́ми та з до́вгим пухна́тим хвосто́м. Він ходи́в і бі́гав, як усі́ і́нші ди́кі твари́ни, не підска́кував скік-скік-скік, як тепе́р, — оповіда́в ватажо́к Но́кам. — Одного́ ра́зу навесні́, коли́ Аблі́ґаму́ч лежа́в і відпочива́в у лі́сі, він почу́в, що хтось іде́. Він гля́нув, а то — щур! Щур ішо́в сте́жкою і пла́кав.

— Чого́ ти пла́чеш? — спита́в Аблі́ґаму́ч.

Щур підско́чив, коли́ почу́в го́лос. Як поба́чив, хто це гово́рить, то зра́зу й відпові́в: — Я йду́ на своє́ весі́лля.

— То чого́ ж ти пла́чеш? — спита́в здиво́ваний Аблі́ґаму́ч.

— Пла́чу, — сказа́в щур, — не тому́, що йду́ на своє́ весі́лля, а тому́, що я заблуди́в. Ой, біда́ мені́, біда́!

— Ну, то не спіши́ся! Сядь і поду́май, — сказа́в Аблі́ґаму́ч.

— Але́ я не ма́ю ча́су на те, бо тре́ба бу́ти в молодо́ї пе́ред за́ходом со́нця. Якщо́ ні, то вона́ ста́не жі́нкою во́рона Какаку́ч.

— Якщо́ так, то я тебе́ туди́ заведу́, бо я зна́ю доро́гу.

Аблі́ґаму́ч побі́г наперед, а за ним помале́ньку пішо́в щур. Щур не хоті́в загуби́тися і тому́ ду́же ува́жно диви́вся на хвіст за́йчика, яки́й час від ча́су видні́в у глибо́кій траві́.

Але́ щур так уважа́в за хво́стом, що він не диви́вся, куди́ йде́, і впав шкеребе́рть у глибо́ку я́му.

— Ой, йой, йой! За́йчику, рятýй мене́! — закрича́в щур.

Зайчик Аблі́ґаму́ч почу́в крик щура́ й поверну́вся до ньо́го.

— Це нічо́го, нічо́го, — сказа́в за́йчик. — Я тобі́ за́раз допоможу́.

Він спусти́в свій до́вгий хвіст в я́му

і сказа́в: — Хапа́й за хвіст! Я бу́ду тягну́ти.

Щур учепи́вся за хвіст за́йчика, а за́йчик щоси́ли потягну́в. Ра́птом — трісь! І хвіст відірва́вся. Бі́дний за́йчик залиши́вся з коро́тким пух-хво́стиком.

Але́ за́йчик не поки́нув щура́ в я́мі. Він ухопи́вся пере́дніми ла́пками за де́рево, а за́дні ла́пки спусти́в щуро́ві в я́му.

— Трима́йся за ла́пки! Я тебе́ ви́тягну, — сказа́в за́йчик.

За́йчик тягну́в, тягну́в — аж живі́т ви́тягнувся, і став тоне́нький, а за́дні но́ги ви́тягнулися і ста́ли бага́то до́вші, ніж були́ рані́ше. Наре́шті за́йчик ви́тягнув щура́ з я́ми.

— Ну, ле́две ви́тягнув, — сказа́в за́йчик. — Я вже ду́мав, що й ла́пки згублю́.

— Але́ подиви́ся на ме́не! І хвоста́ нема́є, і живі́т ви́тягнувся, і но́ги ста́ли ду́же до́вгі! Я бою́ся, що бу́де тя́жко ходи́ти.

І справді, коли зайчик захотів пройти кілька кроків, то він перевернувся догори ногами. Від того часу він уже мусив стрибати на задніх лапках, і так вони поспішали через ліс.

Якраз перед заходом сонця прийшли вони до дому молодої.

Як усі тішилися, що вони прийшли!

Тільки ворон Какакуч не тішився. Коли він побачив, що щур узяв молоду за руку, він вилетів із хати й ніколи вже не повертався. Але ніхто про нього й не думав.

Тоді на весіллі щур розказував усім, як Аблігамуч його врятував. Усі гості були дуже раді й веселі, а Аблігамуч танцював гопака з молодою.

Довго вони так танцювали, що аж суконка молодої порвалася. Зайчик швидко приніс шкіру і зараз же пошили нову суконку.

— Ще треба пояса, — сказав зайчик, і відрізав тонку смугу шкіри. Він узяв шкі́ру в зу́би, щоб скрути́ти по́яс молоді́й, коли́ ра́птом натя́гнута сму́га урва́лася і розби́ла йому́ губу́ аж до но́са.

Молода́ запла́кала, коли́ поба́чила бі́дного за́йчика.

— Не плач. Це не допомо́же, — сказа́в за́йчик. — Так ма́ло бу́ти. — І зав'яза́в навко́ло не́ї по́яс.

—Почека́й тут! — сказа́ла молода́. Вона́ побі́гла у віґва́м і принесла́ чудо́ву бі́лу кожуши́ну.

— Це для те́бе, — сказа́ла вона́. — Кожуши́на бі́ла, як сніг. Узи́мку бу́де ле́гко тобі́ хова́тися: бу́деш бі́лий, як сніг.

Абліґаму́ч подя́кував їй за подару́нок і сказа́в, що бу́де одяга́ти бі́лу кожуши́ну аж узи́мку, бо влі́тку кори́чнева кожуши́на кра́ще його́ маску́є.

Від то́го ча́су зайці́ та їхні ді́ти і вну́ки, ма́ють мале́нькі пух-хво́стики, розби́ті гу́би аж до но́са і до́вгі за́дні но́ги, яки́ми вони́ стриба́ють уве́сь день.

Також від того часу зайчики мають білі кожушини взимку.

І так «кисипитин». Так кінчається легенда.

ДІВЧАТА ЙДУТЬ

— Ваші легенди справді цікаві, — засміявся зайчик.

— Я тобі покажу щось іще цікавіше, — свиснуло Стукало-Дзьобало. — Дивися, дівчата йдуть.

— Гау, сестричко! — сказав Чибик. — Уно, це мої нові друзі. Аблігамуч і Стукало-Дзьобало, це моя сестра Уна.

— Гау, хлопці, — сказала Уна.

— О, Уна! Я знаю гарну легенду про дівчину Уну, — сказав один старий індіянин.

— Розкажіть нам! Розкажіть нам! — закричали дівчата й посідали навколо ватри.

НЕВИ́ДИМИЙ ХЛО́ПЧИК

Одного́ ра́зу в індія́нському селі́ над о́зером жили́ три сестри́чки.

Найста́рша У́на й моло́дша Абі́та були́ ду́же га́рні й го́рді, а наймоло́дша Ошіґе́я була́ ні га́рна, а́ні така́ го́рда, як вони́.

Вони́ штовха́ли її́, смія́лися з не́ї, а вона́ все терпі́ла.

Тому́ що в них не було́ батькі́в, індія́ни, коли́ поверта́лися з ло́вів, дава́ли їм м'я́со, а за те У́на, Абі́та та Ошіґе́я ліпи́ли їм го́рщики. Дві ста́рші се́стри ліпи́ли го́рщики, а Ошіґе́я випа́лювала їх на вогні́, щоб вони́ були́ тверді́. Коли́ Ошіґе́я випа́лювала го́рщики, тоді́ ві́тер роздува́в вого́нь. З ча́сом її́ обли́ччя й воло́сся були́ попа́лені. Тому́ се́стри назива́ли її́ Ошіґе́я, що зна́чить по-індія́нському «обпа́лена».

На дру́гому бо́ці о́зера жив хло́пець Тія́м, що мав чарівни́й дар става́ти невидимим. Ніхто його ніколи не бачив, тільки його сестра. Ніхто не знав, чи він високий чи низький, гарний чи негарний, але всі чули про його чарівну силу невидимості і про його великий успіх на ловах. Тому всі вважали його ніби князем.

Кожна індіянська дівчина хотіла стати його дружиною.

Одного дня Тіямова сестра прийшла в село і сказала:

— Тіям візьме за дружину першу дівчину, що зможе його побачити.

Усі дівчата хотіли спробувати щастя. Одна за одною пливли вони човнами через озеро, але ніхто не бачив Тіяма. Лишилися ще тільки три сестри.

— Тепер я спробую, — сказала Уна. — Я думаю, що я його побачу.

— Дивись яка! Чому ти повинна перша йти, а не я? — сварилася Абита.

— Бо я старша!

— А може Тіям хоче молодшої!

— Я тебе не пущу саму.

— Якщо так, то підемо разом, — сказала Абита. І вони пішли разом.

Припливли вони до вігваму Тіяма, одягнені в найкращі суконки.

Тіямова сестра вийшла їм назустріч.

Коли вони відпочили, тоді вона повела їх на берег озера, бо вже був час, коли мав повернутися її брат.

— Чи бачите ви мого брата? — спитала вона.

Обидві сестри пильно дивилися на озеро й побачили човен. Але хоч він і не далеко плив, нікого в ньому не було видно.

— Я бачу його! — скрикнула Абита, хоч вона його й не бачила.

А Уна й собі: — Так, я також його бачу.

— Тіямова сестра знала, що одна з них каже неправду, бо тільки одна дівчина зможе його побачити, а не дві разом.

— Дуже добре, — усміхнулась вона. — Ходіть зі мною у віґвам приготувати йому вечерю.

— Абито, візьми від мого брата м'ясо, що він приніс, — сказала Тіямова сестра.

Але Абита нічого не бачила. Раптом м'ясо впало їй на ноги. Абита закричала з болю і перелякано вибігла з віґваму.

Тоді Тіямова сестра сказала:

—Уно, роззуй мого брата й винеси його мокрі мокасини надвір.

Але Уна не могла цього зробити, бо вона нічого не бачила. Раптом мокрі мокасини вдарили її по обличчі. Тоді вона також вибігла, плачучи, з вігваму.

— Мабуть, я ніколи не дочекаюся дружини, — сказав Тіям. — Шкода, бо то ж були такі гарні дівчата.

— Не спішися, брате. Тобі треба дружини не тільки гарної але також відважної, правдивої, а така ще не прийшла.

— Уна та Абита повернулися додому й зі злости ще більше штовхали бідну Ошіґею.

Нарешті вона не витримала і втекла в ліс. Там вона довго плакала. Коли Ошіґея заспокоїлась, вона почала думати. Чому б і їй не спробувати побачити невидимого хлопця? Вже ж ніякої дівчини не лишилося в селі, тільки вона.

І хоч Ошіґея знала, що вона не така гарна, як її сестри, що вона не мала гарної одежі, і хоч вона знала, що всі будуть сміятися з неї, вона також хотіла побачити Тіяма.

Тоді вона швидко пошила собі одежу

з березової кори, взулася в старі мокасини, що Уна викинула, і відважно вийшла з вігваму.

— О, яка ти чудна! — сміялася Уна. — Куди ти йдеш?

— Я йду побачити Тіяма, — відповіла Ошіґея.

— Ха-ха-ха! — засміялися всі. — Вона йде побачити Тіяма! Таке чудовисько йде побачити Тіяма! — І всі так сміялися, що аж котилися по землі!

Але Ошіґея на те нічого не відповіла, тільки швидко пішла до дому Тіяма.

Тіямова сестра привітала її й попросила відпочити. Як тільки сонце зайшло, вона повела Ошіґею на берег озера.

— Чи бачиш мого брата? — спитала вона.

Ошіґея бачила човен, але в ньому нікого не було.

— Ні, — відповіла вона. — Я не бачу його.

— Ще раз подивись, — сказала Тіямова сестра.

Ошіґея ще раз подивилася і скрикнула: — О, так! Я бачу його! Бачу!

— Якщо ти його бачиш, — сказала Тіямова сестра, — то скажи мені, з чого зроблена в нього смуга на плечі?

— Вона зроблена з веселки! — дивувалася Ошіґея.

Тоді Тіямова сестра побачила, що нарешті знайшлася дівчина, що буде дружиною її брата. Вона повела її до вігваму, скинула з неї погану одежу, скупала її та одягнула в гарну суконку зі шкіри.

Ощіге́я ста́ла прекра́сною ді́вчиною з до́вгим воло́ссям і га́рним обли́ччям. Коли́ Тія́м поба́чив її́, він ра́дісно ви́гукнув:

— Наре́шті я знайшо́в тебе́, моя́ дорога́. — Та й пові́в її́ у свій дім.

І від то́го дня Ощіге́я, Тія́м і його́ сестра́ жили́ ра́зом у зго́ді й ра́дості до́вгі роки́.

— От леге́нді й «кисипи́тин». Так кінча́ється леге́нда.

ПЕРЕГО́НИ

— Гей, Вуха́тий, Сту́кало-Дзьо́бало, де ж ви? Перего́ни вже почина́ються! — кри́кнув Федько́.

— Ході́мо, ході́мо! Дя́кую. Я му́шу йти, я ж оди́н із ве́ршників, — сказа́ла У́на.

— Ти? Ді́вчина? — здивува́лося Сту́кало-Дзьо́бало. — Я ще не чув, щоб дівча́та були́ ве́ршниками у перего́нах.

— О, так! Дівча́та мо́жуть усе́ те роби́ти, що й хло́пці. Я пе́вна, що наш віз пережене́ ва́шого во́за, — сказа́ла У́на.

— Ну, ну, не сварі́ться, бо спізни́мося, — сказа́в Федько́ і всі побі́гли на перего́ни.

На перего́нній дорі́жці вже стоя́ли вози́, а бі́ля них працюва́ли ковбо́ї. Головни́й ковбо́й ходи́в навко́ло возі́в і диви́вся, чи все гото́ве, чи ко́жний зна́є, що ма́є роби́ти.

— Слухай пильно, Вухатий, — сказав Федько. — Як тільки почуєш постріл, ти з ковбоями кинь кухню на віз, тоді швидко вискоч на коня і їдь верхи щосили. Подивись, он там стоять бочки. Ми об'їдемо їх вісімкою, але не так швидко, щоб не перевернути їх. Той віз, що найшвидше повернеться до старту, виграє нагороду. Зрозумів? Готовий?

Добре. Зараз буде постріл — і почнуться перегони.

— Бах! — пролунав постріл. Перегони почалися. Коні кинулися вперед. Гуп! — і кухня вже на возі. Все, що Вухатий пам'ятав, було те, що якось він скочив на коня і вхопився за повід.

Кінь шалено гнав уперед, а зайчик не стримував його. В очах йому курилося! Він нічого не бачив! Дух йому заперло. Щось йому ніби казало: — Тримайся, тримайся!

Раптом хтось крикнув: — Ми виграли!

— Хто виграв? Хто виграв? Ми? Ми? — питав Вухатий.

— Так, смішний зайчику, хіба ти не бачиш? Уже кличуть нас до мікрофону.

Вухатий зсунувся з коня, і мало що не впав, бо ноги були ніби з ґуми, а в роті так сухо, що трудно було й говорити. Але перед ним був мікрофон і всі чекали, щоб він щось сказав.

— Ду... ду... дуже гарно, що ми ви... виграли... — і більше не міг сказати, бо всі почали кричати «Слава!!»

— Ну, Вухатий, славний ковбою, може ми б уже летіли далі, — сказало Стукало-Дзьобало.

— Чекай, ще ні! — сказав Чибик. — Родео скінчилося і ми всі поїдемо до нас додому. Ви зможете відпочити й побачити, як ми, індіяни, тепер живемо. Я також запросив Федька.

Вухатому і його друзям було цікаво подивитися на індіянське село. Вони й пішли до місця, де індіяни вже складали свої вігвами, щоб їхати на нове місце.

СЕЛО

Коли все було вже готове, Вухатий, Стукало-Дзьобало і Федько поїхали з Чибиком і його батьками до індіянського села.

— Ось наша хата. Бабуся вийшла нам назустріч, — сказала Уна. — Бабусю, це мої нові друзі: зайчик Вухатий, Стукало-Дзьобало і Федько Бондар із ранчо два «Б».

— О, Бондар. Ти українець?
— Так, бабусю. А як ви це знаєте?

— Я знаю українців ще з давніх часів, коли була малою дівчиною. Коли українські піонери вперше приїхали в Канаду, ми часто до них ходили. Ми купували в них квашену капусту. Хто їв квашену капусту взимку, той не хворів на скорбут. Часто в обмін ми їм давали мокасини або різні шкіри, — відповіла бабуся.

— О!.. А моя бабуся розказувала, як вона ходила по корінці, які індіяни їм показали. Ті корінці вживали, як ліки, — сказав Федько.

— Так, у піонерські часи не було тут ні крамниць, ні лікарів. Усі люди один одному допомагали, — додала бабуся. — Індіяни навчили білих людей, як збирати дикий риж, як діставати сік з клену для сиропу і як ловити дикі індики. Вони також показали їм, як робити лижви на глибокий сніг. Узимку на лижвах легше ходити на лови по снігу. А білі навчили індіян також багато

речей: квасити капусту, молоти пшеницю на борошно (муку), пекти хліб на дріжджі, пекти коржики і шити одежу з полотна. Білі жінки самі собі робили полотно.

— Але ходімо в хату, — сказала мама. — Наші гості, мабуть, голодні.

Усі зайшли в хату.

— Прошу сідати на канапу, — сказав тато, — а ти, Чибику, сядь на стілець біля піяніно. Я сяду тут, на великому кріслі, а мама й бабуся принесуть нам перекуску. Може б ти, Уно, щось нам заграла?

— Заграй, заграй нам, Уно, —

просили Стукало-Дзьобало і Вухатий.

— Нехай Чибик вам заграє. Він уже там сидить, — засміялася Уна.

— Мене вже тут немає, — зіскочив Чибик зі стільця. — Сідай і грай.

— Я буду грати одну пісню, а ви співайте:

Брате Іване, брате Іване!
Чи ти спиш, чи ти спиш?..

Поки всі співали, мама принесла коржики, а бабуся молоко в склянках.

— М-м-м, — підскочило Стукало-Дзьобало, — так смачно пахне!

— Не пхай дзьоба в коржики, — сказав Вухатий. — Буде досить для всіх.

Кожний узяв собі по коржику і по склянці молока.

— Які смачні коржики! — сказав Федько. — Я ще не їв таких добрих!

— Це коржики з пемикану, — сказала мама. — Пемикан — це індіянська їжа із сушеного м'яса та ягід.

— Я принесу вам самого пемикану, щоб ви покуштували, — сказала бабуся.

Бабуся порізала пемикан та принесла дітям.

— Прошу, покуштуйте, — сказала вона.

— Дякую! Мені краще смакують коржики, — сказав Вухатий.

Усі засміялися.

— Так, до пемикану треба звикнути, — сказала мама.

— А тепер, — сказав Чибик, — усі випийте молоко. Хай кожний візьме собі чашку, що тут на столі, й переверне її догори дном. Я вас навчу індіянської гри. Я сховаю під одну чашку гроші.

Той, хто відгадає, де гроші, той може їх мати.

Чибик поклав гроші під одну чашку.

Потім швидко пересунув усі чашки і спитав: — Під якою чашкою гроші?

— Тут, — сказав Вухатий, і підняв одну, але там нічого не було.

Тоді Чибик знову пересунув чашки.

— Гроші тут, — сказало Стукало-Дзьобало, і підняло одну чашку.

— О! Тут гроші! — закричали всі.

— Що ти будеш робити з тими грішми Стукало-Дзьобало?

— Візьми їх собі, Уно, за те, що ти так гарно грала. А нам уже треба їхати.

— Ще ні, — сказав Чибик, — вам треба відпочити, треба добре поспати. Поїдете вранці. А тепер ходіть сюди, я вам покажу, де будете спати.

— Вам також треба йти спати, Уно й Чибику, — сказав батько, — бо завтра вже до школи підете.

Уранці, коли всі снідали, Федько спитав: — Чого вас учать у вашій школі?

— Всього того, що й вас учать, — відповіла Уна, — тільки ми вчимося ще й індіянської мови.

— О! Дуже цікаво! — сказало Стукало-Дзьобало. — Я знаю, що в деяких школах учать української мови, а щоб учили індіянської мови, про те я ще не чув.

— Якби то було все, чого ти ще не знаєш, — сказав зайчик, — то було б півбіди. Мені здається, що тобі треба ще багато вчитися.

— Час до школи! — сказав Чибик. — Ходи, Уно! До побачення!

— До побачення! — сказала Уна, махнула рукою та й побігла за Чибиком.

— Нам також треба в дорогу, — сказав зайчик. — Дякуємо за гостинність. До побачення!

ЛИСТІВКА.

Дорогий Петрусю!
　З індіянами цікаво жити. Я тепер знаю, що в мене був колись довгий хвіст.
　Ґау! Зайчик Абліґамуч
　С. Канада (Не пишу «східня» бо забирає багато місця)
П.С. Маю для тебе подарунок — вістря з індіянської стріли.

Петро Коваль
Десь на Півдні
Канада

УКРАЇНЦІ

СВЯТО

— О - о! Дивися, скільки людей! Цікаво, що тут діється? Дивись, яка велика писанка! Люди говорять по-українському! Може, це українське свято? Дивися, парад! — сказало Стукало-Дзьобало.

— Коні! Їдуть козаки! Хлопці в козацькому вбранні з довгими шаблями при боках! — закричав Вухатий.

— А чому той, що їде попереду на білому коні, має іншу шапку? — запитало Стукало-Дзьобало.

— Я думаю, що це їхній гетьман, — відповів Вухатий.

— Так, ге́тьман, — сказа́в стари́й діду́сь, що стоя́в недале́ко. — Чи ви пе́рший раз на на́шому свя́ті?

— Так, діду́сю. Ми прилеті́ли з півде́нної Кана́ди. Це Сту́кало-Дзьо́бало, а я За́йчик Вуха́тий, — сказа́в Вуха́тий.

— Ха-ха-ха́! — засмія́вся дід. — Ти Вуха́тий, а я коза́к Вуса́тий. — І він погла́див свої́ ву́са.

— То ви, діду́сю, тако́ж коза́к? — запита́ло Сту́кало-Дзьо́бало.

Мо́жна сказа́ти, що і я коза́к. Але́ правди́ві козаки́ жили́ в Украї́ні со́тні ро́ків то́му. Вони́ би́лися з тата́рами. Тата́ри напада́ли тоді́ на се́ла і вбива́ли люде́й, ча́сто бра́ли молоди́х дівча́т і хло́пців і продава́ли їх у ра́бство.

— Розкажі́ть нам, діду́сю, про ті часи́, — проси́ло Сту́кало-Дзьо́бало.

— Тепе́р ні, мо́же пізні́ше, — сказа́в дід. — Диві́ться! Козаки́ б'ю́ться з тата́рами!

— О-о... Які в них довгі шаблі! — закричало Стукало-Дзьобало, й закрило очі своїми крилами. — Я не хочу дивитися. Я боюся. Утікаймо! Утікаймо!

— Не бійся, смішне Стукало-Дзьобало! Це несправжні татари й несправжній бій, — заспокоював дід.

— Я таки не хочу дивитися, — заплакало Стукало-Дзьобало. — Ходімо звідси!

— О, бій уже закінчився. Ти, боягузе, можеш уже дивитися, — сказав Вухатий. — От із тебе був би козак!

— А хто виграв? — запитало Стукало-Дзьобало.

— Як хто? Ще й питаєш? Ніхто інший — козаки! — сказав Вухатий.

— Ура-а! — закричало Стукало-Дзьобало. — Слава козакам!

— Усі вже йдуть їсти, — сказав дід. — Нам також треба трохи з'їсти. Ходіть зі мною! Дивіться, там продають українські страви. Ми щось купимо собі.

— Я ду́же люблю́ борщ і варе́ники,— сказа́в Вуха́тий.

— А я ковбасу́. Ті́льки дзьоб, дзьоб і м-м-м... так смаку́є! — сказа́ло Сту́кало-Дзьо́бало.

— Я ду́маю, що там продаю́ть не ті́льки борщ, варе́ники й ковбасу́. Мо́жна купи́ти голубці́, пиріжки́, пампушки́ й то́рти, — сказа́в дід.

Усі́ напо́внили тарілки́ й посіда́ли бі́ля сто́лу.

— Чи мо́жна й нам сі́сти з ва́ми? — заговори́в висо́кий чолові́к.

— Мо́жна, мо́жна, — сказа́в дід. — Сіда́йте! Вуха́тий, це мій син Богда́н Бі́лик і його́ ді́ти, Оле́ся й Дани́лко.

— Кланяюсь вам, пане Білик! — сказав Вухатий. — Які у вас гарні діти! Олесю, а хто пошив тобі таку гарну суконку?

— Це український стрій. Моя мама вишила його мені на це свято, — сказала Олеся. — Я буду танцювати українські танці сьогодні на концерті.

— А де твій вінок і стрічки? — запитав Вухатий. — Якщо тобі треба квітів на вінок, я можу назбирати живих. Але де ми дістанемо тих синіх, жовтих, зелених, червоних, білих стрічок?

— Дякую тобі, Вухатий! — сказала Олеся. — Який ти добрий! Але я сьогодні буду танцювати український танець «Гонивітер». У цьому танці дівчата наслідують вітер, як він віє та крутиться. Тому стрічка заважала б мені. І дивися: Я не маю чобіт. Не завжди той самий стрій до кожного танцю.

— А де Стукало-Дзьобало? — запитав дід.

— Я тут! — почувся голос із-за їжі на тарілці. Незабаром показалися — спершу дзьобик, а потім і вся голова Стукала-Дзьобала.

— О-о-о!.. Я того пана знаю! — закричало знову Стукало-Дзьобало. — Це той гетьман, що був на параді, тільки тепер він без шапки.

— Я не справжній гетьман, — відповів Богдан Білик. — Справжні гетьмани колись водили козаків у бій проти ворогів України. Хочете? Я вам розкажу, як одного разу діти, Олеся й Данилко, допомогли козакам урятувати ціле село від татар.

— Розкажіть! Розкажіть! — закричали всі.

МАЛІ́ КОЗАКИ́

— Давно́ коли́сь, — поча́в Богда́н, — недале́ко від одного́ украї́нського села́ ба́вилося дво́є діте́й: ді́вчинка назива́лася так як ти — Оле́ся, а її́ моло́дший брат так як ти — Дани́лко.

Ра́птом Оле́ся й Дани́лко поба́чили бага́то люде́й, що бі́гли до них.

— Ді́вчинко, чи ти зна́єш, де мо́жна схова́тися від тата́р? Тата́ри спали́ли на́ше село́ і хо́чуть злови́ти нас, — пла́кали лю́ди.

— Сюди́! — сказа́ла Оле́ся. — Я зна́ю одне́ мі́сце, де мо́жна схова́тися. Дани́лку, я залишу́ся тут, а ти біжи́ шви́дко і дай зна́ти козака́м, що тата́ри йду́ть. Чу́єш?

— А ти? — спита́в Дани́лко.

— Не бі́йся! Я щось приду́маю. А ти йди шви́дко. Біжи́! — відповіла́ Оле́ся.

Дани́лко побі́г щоси́ли, а Оле́ся відвела́ люде́й дале́ко в ліс, де коли́сь люди з її села ховалися від татар.

Пізніше Олеся вийшла з лісу. Вона знову побачила багато людей на конях.

— Це татари, — подумала вона. — Що мені робити? Якщо втечу в ліс, тоді татари знайдуть і тих людей, що там сховалися.

Але вже не було й часу втікати, бо татари побачили її.

— Гей, дівчино, ходи сюди! — почула Олеся. Перед нею стояв страшний татарин із шаблею в руці.

Олеся скрикнула, але не втікала.

— Не бійся! Ми тобі нічого злого не зробимо. Тільки скажи нам, куди побігли ті люди, що втікали від нас? — запитав татарин, пильно дивлячись їй в очі.

— Вони побігли туди, — сказала вона, й показала рукою в той бік, звідки мали приїхати козаки.

Татарин не повірив дівчині. — Ей, ти неправду говориш, — сказав він.

— Я сама вас поведу, — сказала Олеся.

— Добре, веди, — сказав татарин, — але знай: якщо ти нас не туди заведеш, буде тобі біда!

І Олеся повела! Вела вона, вела й думала, як завести татар до козаків.

Вони ще й не зайшли далеко, як зі всіх боків наскочили на них козаки.

Татарин хотів схопити Олесю за волосся, але тоді, як вітер, прилетів гетьман на коні і врятував Олесю.

Козаки половили татар і взяли їх у полон. Люди повибігали з лісу.

— Слава Богу, що ви приїхали вчасно, — дякували вони козакам.

— Подякуймо цим дітям, — відповів гетьман.

Гетьман привів Олесю до Данилка, що сидів біля вусатого козака з оселедцем на голові.

— Данилку, ти тепер справжній козак,

бо привів сюди козаків, — сказали люди.

— Я козак? Олеся — більший козак, ніж я, — сказав Данилко.

— Слава Олесі! — закричали всі, — Олеся — козачка, а Данилко козак!

Усі подякували панові Богданові, що він розповів їм про козаків, а Стукало-Дзьобало запитало: — А чому той вусатий козак мав оселедець на голові?

— Ха-ха-ха! — всі засміялися. — Той оселедець — не такий оселедець, що можна його їсти! — сказав дідусь. — То кожний козак відпускав собі таке волосся.

— А нащо козаки так робили? — запитали діти.

— Ка́жуть, що коли́ коза́к умре́, тоді́ я́нгол ві́зьме його́ за оселе́дець і пря́мо до не́ба та в рай! — з у́сміхом сказа́в дід.

— Сту́кало-Дзьо́бало, ти ще всього́ не з'їв! Невже́ на те́бе тре́ба чека́ти? — запита́в Вуха́тий.

— Нічо́го, нічо́го, — сказа́ли ді́ти. — Діду́сю, розкажі́ть нам ще раз ка́зочку про те, як тата́рин схова́вся у ву́лику.

ТАТА́РИН У ВУ́ЛИКУ

Давно́ коли́сь, коли́ оди́н коза́к був уже́ стари́й би́тися з ворога́ми, він залиши́в Січ і пішо́в у степи́. Там він знайшо́в собі́ ду́же га́рне мі́сце — о́стрів, а навко́ло вода́. На то́му о́строві стари́й коза́к збудува́в собі́ ха́ту, посади́в горо́д і га́рний садо́чок і заві́в па́сіку.

На то́му о́строві стари́й коза́к жив споко́йно, годува́в ди́ких твари́н і пташо́к. Сам він був ду́же висо́кий, а борода́,

біла—біла, як молоко, доходила йому аж до колін.

Розказували люди, що старий козак був дуже мудрий, що він умів читати й писати, а також говорити по-татарському. Люди приходили до нього радитися в різних справах, а по мед приїжджали зі всіх сторін. Старий козак ніколи не лишав собі грошей, що за мед діставав. Він завжди віддавав їх або бідним людям, або відносив до церкви. І так спокійно жив собі на пасіці.

Одного дня, коли татари втікали від

козаків, якийсь татарин скочив із коня, сховався у траві, а потім заліз до старого козака в пасіку.

— Діду, сховайте мене! За мною гналися козаки! Якщо вони зловлять мене то напевно заб'ють, — почав він просити старого козака.

— А нащо мені тебе, татарина, рятувати? — запитав старий козак. — Скільки наших людей ви, татари, забили! Я не тільки не повинен тебе рятувати, але ще й треба сказати: «Чикин башка!» (відрубайте голову). Це ви нам так робили.

— Ой, рятуйте мене, дідусю, рятуйте! Я буду ваш до кінця свого життя. Я буду вам за слугу, — просив далі татарин.

— Ні. Я татар не ховаю, — сказав старий козак. — Ви нам дуже насолили. Нехай тебе ловлять!

— Ой, рятуйте, рятуйте! Я ще нікого не забив, — плакав татарин і впав на

коліна перед ним.

Подумав старий козак, що справді татарин ще молодий і сказав: — Ну, вставай. Може ще з тебе будуть люди. Але де тебе заховати? Наші козаки напевно ще сьогодні приїдуть, то витягнуть тебе навіть із печі. — І старий козак почав думати, як його сховати. Нарешті сказав: — Дивись, тут я маю новий вулик. Він більший за інші вулики. Ти сховаєшся в ньому. — І він розказав татаринові, що той має робити, якби козаки подивилися у вулик.

Тоді старий козак викопав яму, в яку чоловік міг улізти по плечі, та й посади туди татарина. Тільки накрив його вуликом, як бачить — женуться на конях козаки. Кілька з них залетіло у пасіку.

— Добрий вечір, діду! — кажуть. — А де він, той татарин, що сюди біг?

— Татарин? Який татарин? — Ніби здивовано спитав старий козак. — Чув я, що ви добре побили татар.

— Справді? То нагодуйте нас, діду, медом, — просять. — Яка гарна у вас пасіка!

— Добре, діти, — каже старий козак. — Є за що вас нагодувати! Ідіть у хату, там у мене готовий мед.

Деякі хотіли вже йти в хату, а інші не згодилися:

— Ні, діду, — кажуть. — Ми того меду, що ви маєте в хаті, не хочемо. Ми хочемо свіжого.

— І той, що в хаті, також свіжий, — каже старий козак. — Я сьогодні його вибрав.

— Таки того не хочемо, — гомоніли козаки. — Дайте нам свіжого, а як не дасте́, ми самі́ ві́зьмемо.

— Ну, що з ва́ми роби́ти? — сказа́в стари́й коза́к. — Ба́чу, тре́ба вам да́ти сві́жого.

Ті́льки поча́в він відкрива́ти оди́н ву́лик, щоб діста́ти ме́ду, як козаки́ й гукну́ли:

— Да́йте нам, ді́ду, з то́го вели́кого ву́лика, що стої́ть он там. Ма́буть, там бага́то ме́ду!

— Не мо́жна з то́го ву́лика, — відказа́в стари́й коза́к.

— Чому́ не мо́жна? — загомоні́ли козаки́. — Дава́йте з то́го вели́кого ву́лика; якщо́ не дасте́ ми самі́ ві́зьмемо. У нас тако́ж є ру́ки!

Стари́й коза́к ба́чив, що козаки́ таки́ відкри́ють ву́лик. Що ж йому́ роби́ти? От він і ка́же:

— Слу́хайте, хло́пці! Хоч цей ву́лик вели́кий, у ньо́му зо́всім нема́є ме́ду. Хіба́ ті́льки чо́рта поба́чите.

— Ідіть геть із вашим чортом! Хто б повірив у таке? — засміялися козаки. — Тільки дайте нам меду з того великого вулика, а ми з чортом самі дамо раду.

— А я ще й не бачив чорта у своєму житті, — сказав один із козаків. — Подивлюсь, який то чорт! — Та до вулика.

Тільки відкрив, а татарин як закричить диким голосом. А козаки: «Свят, свят, свят!» — та в ноги.

— Чекайте, хлопці, — гукає старий козак. — Я меду дам із того великого вулика.

А козаки крикнули старому:

— Ідіть геть із вашим медом! Тримайте собі та годуйте того, хто під вуликом сидить! — І вибігли якнайшвидше з пасіки.

Від того часу всі називали татарина «дідовим чортом». Він став добрим чоловіком, допомагав усім людям і служив старому козакові до кінця свого життя...

— Дякуємо, дякуємо, — сказали всі, — ще було б цікаво послухати про козаків, але нам уже треба побачити, що там показують.

— Стукало-Дзьобало, а ти чого лежиш? — спитав Вухатий. — Щось ти...

— У!.. А!.. Я вмираю! — заплакало Стукало-Дзьобало. — Мені живіт надуло. Ой, болить! Я не йду з вами. Я собі тут полежу.

— Ви йдіть самі до музею, — сказав дідусь. — Я тут посиджу зі Стукалом-Дзьобалом і, може, трохи посплю. Мені, треба відпочинути. Ідіть, ідіть, ми прийдемо незабаром.

У МУЗЕЇ

— Козацькі шапки! Козацькі шапки! Купуйте козацькі шапки! — кричав чоловік, що продавав шапки.

— Мені потрібна така шапка, — сказав Вухатий. — Тоді я також буду козаком. — І він купив собі козацьку шапку.

— Мені не треба купувати козацької шапки, — сказав Данилко. — Я маю гарну шапку з українським строєм. Але тобі, Вухатий, козацька шапка, мабуть, добре сидить на голові!

— О, Данилку! Дивись, яке маленьке місто! — сказала Олеся.

— Це не місто, а Січ, — відповів Данилко. — На Січі жили українські лицарі, козаки.

— Посередині — церква, — а навколо хатки... хто б нам розказав про Січ? — спитала Олеся.

— Дивись, там написано, що о

третій годині будуть розказувати про козаків і про Січ, — показав на напис пан Білик.

— Шкода, що немає ще Стукала-Дзьобала, — сказала Олеся. — Йому було б цікаво послухати, як жили козаки на Січі.

— О, вже йде дідусь і веде Стукала-Дзьобала, — сказав Вухатий.

— Стукало-Дзьобало! Стукало-Дзьобло! Ставай тут, біля мене, — сказала Олеся.

— Шшш!.. Тихо! Зараз будуть розповідати про Січ, — сказав пан Білик.

Вийшов чоловік у козацькому строї та й почав:

— Бачите перед собою модель Січі.

СІЧ

— Січ — це була фортеця, яку ставили в Україні для оборони від ворогів. Звичайно фортецю ставили над рікою або на острові. Навколо копали глибокі рови і впускали до них воду. Тому ворог не міг зайти до фортеці, хіба що через зводний міст, якого піднімали і спускали. На березі острова були сховані серед високого очерету чайки, або козацькі човни. Фортецю підсилювали ще й валами. На валах клали дерев'яні зруби, наповняли їх землею і зверху мазали глиною, щоб забезпечити від вогню.

— О!.. Це була справді майстерна робота. Коли приїхали перші поселенці до Канади, тоді вони також ставили фортеці для оборони. Я бачив у фільмах, як ті фортеці горіли. Їх, мабуть, не мазали глиною... — почав Вухатий.

— Шшш!.. Не говори тепер! — потихеньку сказав дідусь. — Слухай!

— Одну таку велику фортецю поставили козаки на острові, що на Дніпрі за порогами, — розповідав чоловік. — Тому цю фортецю називали «Запорозька Січ».

Хоч Січ уже була на острові, серед Дніпра, козаки все таки обкопали фортецю ровом, обвели валом із частоколом. У частоколі були зроблені дірки для стріляння.

— А чим вони стріляли? — потихеньку спитало Стукало-Дзьобало.

— Шшш!.. Слухай! — знову сказав дідусь.

— Тоді вперше почали вживати гармати й мушкети до стріляння, — говорив чоловік далі.

— Уздовж валу, з частоколом, поставили козацькі хати, або курені. Вони були з дерева, зверху накриті очеретом або шкірами. Посередині фортеці була церква, а навколо церкви був майдан, де козаки сходилися на раду.

Козаки скликали раду для важливих справ. На майдан виходили довбуші й били в тарабани. На цей знак козаки виходили зі своїх куренів і ставали у велике коло. Посередині кола було вільне місце. Тоді приходив гетьман і казав, для якої справи скликав раду, і питав, яка думка козаків. Потім говорили козаки, а на кінець усі давали знати окликами, як треба закінчити справу.

— То козаки вже тоді голосували так, як ми? — спитав Данилко.

— Так, — відповів пан Білик. — Слухай, бо чоловік ще говорить.

— На раді козаки також вибирали нового гетьмана, — розповідав далі чоловік.

Коли гетьман не хотів більше гетьманувати, він скликав раду й казав козакам, чому він далі не хоче бути

гетьманом. Тоді він клав перед ними булаву́ й бунчу́к і проси́в ви́брати і́ншого на ге́тьмана. Козаки́ голосува́ли о́кликами, кого́ вони́ хо́чуть. Ви́браний коза́к вихо́див на сере́дину ко́ла, а козаки́ крича́ли «Сла́ва!» і ки́дали вго́ру шапки́. Ге́тьман брав булаву́ й бунчу́к у ру́ки. З тіє́ї хвили́ни він почина́в прова́дити всіма́ козака́ми. Ось така́ була́ Запорозька Січ, — закі́нчив чолові́к.

— О, я хоті́в би ста́ти козако́м! —

скрикнув Вухатий.

— Ти вже майже козак, — засміялося Стукало-Дзьобало. — Уже маєш козацьку шапку.

— Козаком не так легко стати, — сказав чоловік. — Хто хотів бути козаком, той діставав собі човен, брав зброю, їжу і плив Дніпром на Січ.

Коли його вписали в козаки, тоді він ставав новиком, або джурою. Три роки вчили його, як чистити зброю, стріляти з рушниці та з лука, воювати шаблею, доглядати козацькі коні, слухати старших і допомагати у всіх справах.

Його також учили бути чесним і сильним, обороняти віру та Україну. Після трьох років джура ставав добрим козаком, лицарем.

— А що робили ті лицарі? — спитав Данилко.

— Запорожці не всі жили на Січі у спокійний час. Ті козаки, що мали родини або господарства, поверталися

додо́му на зи́му. Ре́шта догляда́ла Сі́чі. Вони́ обороня́ли її від ворогі́в, — розповіда́в чолові́к. — Козаки́ ча́сто ходи́ли в похо́ди, щоб визволя́ти бра́тів із нево́лі.

— А хто брав їх у нево́лю? — спита́ла Оле́ся.

— Тата́ри й ту́рки. Вони́ були́ найстрашні́ші для Украї́ни, — відпові́в чолові́к. — Коли́ тата́ри й ту́рки підхо́дили під село́, вони́ забира́ли все, що могли́, — ко́ні, коро́ви, мішки́ з борошном та іншу поживу. Хто боронився, того вбивали. Татари брали багато людей на аркани, довгі шнури, і вели за собою. Зловлені люди, між ними жінки й діти, йшли пішки довгу дорогу. Гаряче сонце палило їм голови. Усі дуже хотіли пити. Ішли вони босі, часто билися об каміння. Тоді ноги страшно боліли. Далеко було чути, як вони плакали і просили, щоб татари їх відпустили. Але татари не слухали і вели їх до Криму. Там купці з далеких країв купували зловлених українських селян. І так багато українців ставали слугами тих людей, що їх купили.

— Погані татари! Я б їм показав, якби зустрівся з ними! — закричало Стукало-Дзьобало й підняло крила, ніби хотіло когось бити.

— Іди́ геть! Ти хо́чеш би́тися? — сказа́в Вуха́тий. — Таж ко́жен зна́є, що ти б утіка́в на́віть від мура́шки, а не те, що від тата́рина.

— Ти́хо! Це не смішне́, — сказа́ла Оле́ся. — Па́не, ми зна́ли, що лови́ли чо́рних люде́й і продава́ли їх, але́ про те, що украї́нців тако́ж продава́ли, ми не зна́ли.

— Так, — зно́ву розка́зував чолові́к. — Ту́рки не вважа́ли слуг за люде́й. Нещасли́ві слу́ги працюва́ли при ха́ті, на по́лі, на чо́внах і там, де їх потребува́ли. Було́ їм ду́же тя́жко, бо ча́сто би́ли їх. Ї́сти їм дава́ли ма́ло; те, що найгі́рше. А вве́чері заганя́ли їх до те́мних нечи́стих буди́нків і замика́ли на ніч. Там не було́ лі́жок. Вони́ спа́ли на землі́. Якщо́ не спа́ли, то хоч відпочива́ли. А ра́но вра́нці ту́рки буди́ли їх кри́ком і зно́ву гна́ли до тяжко́ї пра́ці.

— Я ба́чив оди́н фільм у шко́лі. Там пока́зували, що слу́ги сиді́ли у човнах і веслували цілий день, — сказав Данилко. — Чи ті люди були також із України?

— Можливо, — відповів чоловік. — Ті люди, що веслували на кораблях, були дуже нещасливі. Їм клали на руки й ноги ланцюги й замикали, щоб не могли втікати. Залізо гризло їм руки й ноги, а плечі були червоні, бо їх часто били.

— Ой, як люди можуть бути гірші від звірів? — почала Олеся і саме в той час поглянула на годинник, що висів на стіні. — Данилку, подивись, котра година! Нам треба йти на концерт. Дякуємо вам, пане. Ви дуже

цікаво розповіли нам про Запорозьку Січ і про козаків. Чи можна завтра прийти до вас і ще послухати?

— Будь ласка. Я тут щодня, — відповів чоловік.

— Ну, то ходімо швидше, — сказав пан Білик. — А ви, діти, біжіть наперед, бо вам треба бути там скоріше.

— Ось тут золоті гроші! — сказало Стукало-Дзьобало. — Я хочу подивитися на золоті гроші!

— Ми завтра повернемося, — сказав дідусь, — а тепер треба вже йти.

КОНЦЕ́РТ

— Сіда́ймо тут. Зві́дси до́бре ви́дно, — сказа́в діду́сь. — Мені́ тре́ба сі́сти бли́зько, бо я вже до́бре не ба́чу.

— До́бре, що ми тут. Конце́рт уже́ почина́ється, — сказа́ло Сту́кало-Дзьо́бало.

Світла́ засвіти́лися. На сце́ні спе́реду сиді́ла орке́стра, а за не́ю стоя́ли ряди́ співакі́в в украї́нських строя́х.

Орке́стра почала́ гра́ти, і всі лю́ди заспіва́ли «О, Кана́до!» і «Ще не вме́рла Украї́на».

По́тім вихо́дили малі́ ді́ти з украї́нської шко́ли, каза́ли ві́рші і співа́ли.

Ра́птом ве́село заграла му́зика, на сце́ну ви́бігли дівча́та й почали́ та́нець «Гонивітер».

— Он там Оле́ся! — підскочи́ло Сту́кало-Дзьо́бало. — Вона́ танцю́...

— Ш-ш-ш!.. Сіда́й! Лю́ди за тобо́ю не ба́чать, — сказа́в Вуха́тий і посади́в його́ на крі́сло.

— А де Данилко? — тихо запитало Стукало-Дзьобало.

— Він із дівчатами не танцює, але зараз буде танець хлопців, — відповів пан Білик.

Дівчата крутилися і вміло робили всі кроки. Як тільки вони закінчили, всі щосили плескали. А Стукало-Дзьобало найголосніше плескало та ще й стукало дзьобом.

Тоді музика знову заграла весело, може трохи швидше. На сцену один за одним вибігли хлопці в українських строях і зробили коло.

— Це та́нець «Арка́н», — сказа́в дід.

— О, я зна́ю, чому́ це арка́н, — закрича́ло Сту́кало-Дзьо́бало. — Це тому́, що танцю́ють у ко́лі — як ласо́!

— Чи ба́чиш Дани́лка? — спита́в Вуха́тий. — Він тре́тій з кінця́.

— Але́ в ньо́го не украї́нський стрій! У ньо́го нема́є коза́цької ша́пки, ті́льки капелю́х! Він же мав танцюва́ти украї́нський та́нець! Щось там ста́лося. Я піду́ подиви́тися, — сказа́ло Сту́кало-Дзьо́бало й хоті́ло вже йти до Дани́лка.

— Куди́ ти йдеш? — спита́в пан Бі́лик. — Це тако́ж украї́нський та́нець. Украї́нці ма́ють кі́лька строї́в. Тепе́р сиди́ й диви́ся, а я тобі́ розкажу́ пізні́ше.

— Ну, ну, ну! — І Сту́кало-Дзьо́бало взяло́ себе́ за го́лову. — У то́го украї́нський стрій, і в цьо́го украї́нський стрій! Оди́н ма́є ша́пку, а дру́гий капелю́х... Не розумі́ю!

Бі́дне Сту́кало-Дзьо́бало покива́ло голово́ю, сі́ло на крі́сло та й диви́лося.

А Вухатий бив у підлогу ногою в той самий час, коли хлопці били ногами і плескали руками.

Коли хлопці скінчили танцювати, люди давали знати голосними оплесками, що їм і цей танець, «Аркан», дуже сподобався.

Потім знову співали співаки, діти знову казали вірші, але тепер були вже старші хлопці й дівчата. Пізніше вийшов старий козак із бандурою, сів на стілець і почав співати. Він співав про козаків, про те, як вони обороняли Україну від ворогів.

Стукалові-Дзьобалові дуже сподобався бандурист та його пісні. Воно слухало дуже уважно.

Коли бандурист заспівав:

> А попереду отаман
> Веде, куди знає...

Стукало-Дзьобало раптом запитало:

— А чому не гетьман їх веде, а вже отаман?

— Тепе́р слу́хай! — сказа́в діду́сь, — я тобі́ розкажу́ пізні́ше, вдо́ма.

Підня́в ша́пку — човни́ ста́ли
Неха́й во́рог ги́не!

Так співа́в бандури́ст.

— Гм-м-м-м-м-м-м … , — співа́в собі́ з бандури́стом Вуха́тий і прригра́в на животі́, ні́би на банду́рі.

Коли́ конце́рт закі́нчився, пан Бі́лик запроси́в Вуха́того й Сту́кала-Дзьо́бала до се́бе на ніч, і всі пої́хали а́втом додо́му. А́вто ста́ло пе́ред вели́кою, бі́лою ха́тою.

КОЗАКИ

— Ось тут ми живемо, — сказала пані Білик. — А тут чекає вже Мурко.

— Бідний Мурко, мусив бути надворі цілий день, — сказав Данилко.

Стукало-Дзьобало присіло й поплескало котика по спині:

Віє вітер з-під воріт,
У воротях — сірий кіт.
Вітер сірому котові
Чеше вусики шовкові.
Ясне сонце випливає,
Спинку й лапку пригріває:
Кіт воркоче, кіт муркоче,
Ніби щось сказати хоче.

— Хоче, хоче щось сказати! — додала Олеся. — Мурко хоче нам сказати: «Вітаємо!»

— Ходімо в хату, — сказала пані Білик. — Ідіть і помийте руки, а я принесу вам щось їсти.

За кілька хвилин усі сіли. Вухатий підійшов до діда й запитав: — Діду, чи не могли б ви нам розказати тепер про отамана? Бандурист співав, що отаман веде козаків у човнах, а я думав, що то тільки гетьман таке робить.

— Гетьман керує всіма козаками, а отаман провадить тільки частину. — почав дід. — Козаки мали одного гетьмана, але могли мати кілька отаманів.

Як знаєте, не всі козаки жили на Січі. Коли треба було йти в похід проти ворога, козаки зі всіх сторін сходилися на Січ. Там гетьман їх ділив на частини. Окремо стояли ті, що їхали верхи, окремо ті, що ходили пішки, і окремо ті, що везли гармати.

Уночі козаки спали надворі. Коли ж було холодно, тоді при ватрах.

Рано вранці тарабани й сурми давали знак, що починається похід. Попереду їхали музики, з усякими інструментами, із сурмами, бандурами й тарабанами.

За му́зиками ї́хали козаки́ на га́рних ко́нях. Че́рез плече́ ко́жний коза́к мав рушни́цю або́ лук, на спи́ні сагайда́к зі стрі́лами, а при бо́ці ша́блю.

За ни́ми йшли і́нші козаки́ пі́шки, ко́жен із ша́блею при бо́ці та з рушни́цею на плечі́. Ішли́ рі́вними ряда́ми, части́на за части́ною. Ко́жна части́на ма́ла свій пра́пор і свого́ провідника́. Попе́реду ї́хав ге́тьман. Здале́ка було́ ви́дно ге́тьмански́й бунчу́к. Поза́ду ко́ні тягну́ли гарма́ти, а за гарма́тами були́ вози́ з ї́жею та з потрі́бними реча́ми. На са́мому кінці́ були́ козаки́ на ко́нях. Вони́ диви́лися, щоб не ста́лася зза́ду яка́сь воро́жа приго́да.

Коли́ пі́дчас на́паду було́ бага́то бі́льше ворогі́в, ніж козакі́в, тоді́ ге́тьман нака́зував поста́вити вози́ в ко́ло і бу́ти всере́дині. Так роби́ли ні́би стіну́ з возі́в.

На́віть тоді́, коли́ вороги́ ма́ли бі́льшу си́лу, козаки́ могли́ з-за возі́в безпе́чно

стріля́ти й не пуска́ти їх до се́бе. Потім ви́їжджали козаки́ на ко́нях і би́лися шабля́ми з во́рогом — аж по́ки його́ не поби́ли.

Запоро́жці ходи́ли в похо́ди на ту́рків тако́ж водо́ю, че́рез Дніпро́ й Чо́рне мо́ре. Це було́ ду́же небезпе́чно. Ті козаки́, що хоті́ли йти в похі́д, проси́ли ге́тьмана, щоб їх відпусти́в. Вони́ ви́брали собі́ ота́мана, яки́й вів їх у похі́д.

Зра́зу ж почина́ли працюва́ти — роби́ти чайки́. Це були́ дерев'я́ні човни́, до́вгі на два́дцять ме́трів, широ́кі на чоти́ри ме́три. Посере́дині стоя́в висо́кий стовп на вітри́ло. Ві́тер ві́яв у вітри́ло і так су́нув ча́йку.

І́нші козаки́ витяга́ли чайки́ з води́ на бе́рег...

— Чи це ті чайки́, що були́ схо́вані в очере́ті недале́ко форте́ці? — запита́в Вуха́тий.

— Так, — відпові́в дід. — Вони́ витяга́ли чайки́ з води́ й покрива́ли гаря́чою смоло́ю, щоб не прохо́дила вода́ між дошка́ми всере́дину ча́йки. По бока́х ще додава́ли в'я́занки очере́ту, щоб ча́йка не тону́ла на мо́рі, коли́ бу́дуть си́льні вітри́. До ко́жної ча́йки бра́ли чоти́ри або́ шість гарма́т, бага́то куль і по́роху, а тако́ж ї́жу. У ко́жну ча́йку могли́ сі́сти від п'ятдесяти́ до сімдесяти́ козакі́в.

— О, то були́ вели́кі чайки́, до́вші, ніж ця кімна́та, — сказа́ло Сту́кало-Дзьо́бало.

— А як ти зна́єш? — спита́в Вуха́тий.

— Бо метр — це вели́кий крок, а ця кімна́та ма́є менш як два́дцять кро́ків, — відповіло́ Сту́кало-Дзьо́бпло.

— От яка́ му́дра голова́! — сказа́в Вуха́тий і поплеска́в Сту́кала-Дзьо́бала.

— Пхі! Я ще не таке́ зна́ю, — сказа́ло Сту́кало-Дзьо́бало. — Але́ я не з тих, що самі́ себе́ хва́лять.

— Ба́чиш, Дани́лку, як Сту́кало-Дзьо́бало дає́ собі́ ра́ду з ме́трами, а тобі́ так тя́жко навчи́тися того́ у шко́лі, — сказа́в пан Бі́лик.

— Я допоможу́ йому́, — сказа́ло Сту́кало-Дзьо́бало. — Я вже зна́ю.

— Розкажі́ть, діду́сю, ще про ті човни́, що могли́ під водо́ю пливти́, — проси́ла Оле́ся.

— До́бре, — сказа́в дід. — Козаки́ будува́ли чайки́, що ма́ли два дна. Дру́ге дно мо́жна було́ відкри́ти й закри́ти. Зве́рху ча́йку тако́ж закрива́ли шкі́рами. За́мість стовпа́ на вітри́ло була́ труба́, яко́ю захо́дило пові́тря у закри́ту ча́йку. Такі́ човни́ могли́ пливти́ під водо́ю. Коли́ козаки́ насипа́ли піску́ під пе́рше дно, тоді́ чо́вен хова́вся під во́ду; ті́льки трубу́ було́ ви́дно над водо́ю. А коли́ відкрива́ли дру́ге дно й пісо́к висипа́вся у мо́ре, тоді́ чо́вен става́в легки́й і виплива́в на верх води́.

Коли́ все було́ вже гото́ве, отама́н кли́кав козакі́в до січово́ї це́ркви, де всі моли́лися Бо́гові. По́тім сіда́ли вони́ в чайки́ і пливли́ Дніпро́м до Чо́рного мо́ря.

Одного разу козаки припливли до фортеці турків, що тримали багато людей, яких вони зловили в Україні. Усі в місті ще спали, тільки вартові стояли, щоб не було якоїсь небезпеки.

Вартові побачили труби підводних човнів, але не знали, що це було. Раптом човни почали підніматися, і вони побачили козаків на верху води. Вартові хотіли кричати, щоб дати знати всім у фортеці про небезпеку, але козаки були вже близько. Не було часу. Козаки відчинили ворота, звели міст і, як ті мурашки, покрили дорогу до міста.

Кілька годин турки билися з козаками. Нарешті козаки побили турків, випустили всіх невільників, набрали собі дорогих речей, посідали в чайки і, співаючи, попливли на північ — в Україну.

— У-ра-а! Слава козакам! — закричало Стукало-Дзьобало й підскочило так високо, що аж перекинуло стілець, на якому сиділо.

— Стукало-Дзьобало! Який ти нечемний, — сказав Вухатий. — Дивись, що ти зробив. — І Вухатий поставив стілець на місце.

— Та хіба я знав, що таке станеться? — сказало Стукало-Дзьобало. — Прошу простити мені.

— Нічого, нічого! — сказала пані Білик. — Може б ти, Олесю, заграла нам щось на піяніно про козаків. Добре, Олесю?

Олеся заграла кілька пісень про гетьманів, про Марусю Богуславку, а наприкінці «Їхав козак на війноньку». Усі співали:

> Їхав козак на війноньку,
> Прощав свою дівчиноньку!
> «Прощай, миленька, чорнобривенька,
> Я йду в чужую сторононьку!
>
> Подай, дівчино, хустину,
> Може, я в бою загину,
> Покриють очі, темної ночі,
> Легше в могилі спочину!»

— А чому козак хотів, щоб дівчина дала йому хустину? — спитала Олеся.

— За давніх часів був такий звичай, — відповів дід. — Коли лицар їхав до бою, дівчина давала йому хустину або якусь іншу річ, щоб він знав, що вона його любить і буде чекати на нього. Тоді лицар бився щосили, щоб побити ворогів і якнайскоріше повернутися до неї. Давали хустину козакові ще й для того, щоб накрили йому очі, коли його заб'ють на війні.

— А чи дівчина чекала на козака в Січі? — спитала знову Олеся.

— О, ні! Дівчат і жінок не пускали до Січі, — відповів дід.

— О! А то чому? — спитав Вухатий. — Якщо там немає дівчат, то я не хочу бути козаком.

— Тебе ніхто й не просить, — сказало Стукало-Дзьобало.

— Досить, досить! — сказав пан Білик. — Час уже спати.

— Я ще мушу написати листа до

Петра́, — сказа́в Вуха́тий. — Ході́мо, Сту́кало-Дзьо́бало.

— Добра́ніч усі́м! — сказа́ли Сту́кало-Дзьо́бало і Вуха́тий та й пішли́ до своє́ї кімна́ти.

— Добра́ніч, добра́ніч! — сказа́ли Дани́лко та Оле́ся. І тако́ж пішли́ спа́ти.

Дорогі́й Петру́сю!
  Ми ба́чили Січ, де жили́ козаки́. Я ма́ю коза́цьку ша́пку. Привезу́ додо́му. Бу́демо козака́ми! Подиви́сь, яка́ вели́ка пи́санка! Я намалюва́в її, коли́ ба́чив. Сту́кало-Дзьо́бало і я тако́ж на малю́нку. З на́ми стої́ть коза́к Вуса́тий.

                    Коза́к Вуха́тий

П.С. Сту́кало-Дзьо́бало позелені́ло, бо ду́же бага́то варе́ників з'ї́ло.

До ко́го цей лист, диви́ся на дру́гому бо́ці.

ЗА ЧАСІВ ЯРОСЛА́ВА МУ́ДРОГО

На дру́гий день пі́сля сніда́нку, всі поі́хали зно́ву до музе́ю, бо Сту́кало-Дзьо́бало хоті́ло поба́чити золоту́ моне́ту.

Чолові́к уже́ поча́в розка́зувати про рі́зні моне́ти...

— Прошу́ розказа́ти мені́ про цю золоту́ моне́ту, — попроси́ло Сту́кало-Дзьо́бало.

— Ця золота́ моне́та з ча́су кня́зя Володи́мира Вели́кого, а ця срі́бна моне́та, з ча́су його́ си́на, Яросла́ва Му́дрого, — сказа́в чолові́к.

— Чи це той Яросла́в, яко́го дочка́ А́нна була́ короле́вою Фра́нції? — запита́ла Оле́ся.

— Так, — відпові́в чолові́к. — На одно́му бо́ці моне́ти — святи́й Ю́рій, а на дру́гому бо́ці — тризу́б.

— О, в мої́й кімна́ті на стіні́ є тризу́б, — сказа́в Дани́лко.

— Тризу́б — це герб Украї́ни. Бага́то

українців мають його у своїх домах, — сказав чоловік.

— Бонжур! Добридень, Олесю, — сказала дівчинка.

— О, Жаслин! Що ти робиш тут на українському святі? — запитала Олеся.

— Наша вчителька привела клясу французької мови сюди, щоб ми подивилися на монети, старі книжки та інші речі з часу Ярослава Мудрого. Ярослав Мудрий був батьком французької королеви Анни, — сказала Жаслин.

— Так, ми якраз хотіли просити, щоб цей пан розказав нам, як то сталося, що дочка українського князя з Києва стала королевою Франції, — сказала Олеся.

— Я також хочу послухати. Чи можна, сіль-ву-пле? — попросила Жаслин.

— Будь ласка! Зараз я розкажу, — відповів чоловік. — За Ярослава Мудрого Україна була дуже велика й багата країна. Люди приїжджали з далеких країн, вітали князя Ярослава й давали йому подарунки від своїх князів.

Палац князя Ярослава був дуже гарний. І хоч гості бачили інші палаци, такого гарного ще ніде не було. Ярослав хотів показати багатство й силу України.

Князь Ярослав заходив до залі в червоному плащі, що був прикрашений перлами, золотом і дорогим камінням, а в нього на голові була золота корона.

Гості низько йому кланялися, складали перед ним подарунки й поздоровляли його від свого короля чи князя.

Коли гості поверталися додому, вони розказували про багату країну Ярослава Мудрого, та про силу його війська. Тому всі королі хотіли жити з ним у згоді.

Молодий французький король попросив князя Ярослава, щоб віддав свою дочку, князівну Анну, за нього.

— О, це був король Генріх, — сказала тихо Жаслин. — Я читала книгу

«А́нна Яросла́вна, короле́ва Фра́нції».

— Так, це був Ге́нріх, коро́ль Фра́нції, — да́лі розповіда́в чолові́к. — За кі́лька днів князь Яросла́в відпові́в, що він і князі́вна А́нна даю́ть свою́ зго́ду. Незаба́ром рознесло́ся по всій Украї́ні, що францу́зький коро́ль Ге́нріх бере́ собі́ князі́вну А́нну за дружи́ну.

Усі́ були́ ра́ді. Го́сті з'ї́халися зі всіх сторі́н до пала́цу кня́зя Яросла́ва скла́сти поша́ну князі́вні А́нні пе́ред її ви́їздом до Фра́нції.

У найбі́льшій за́лі пала́цу горі́ли вогні́. У сві́тлі вогні́в га́рно розмальо́вані сті́ни й ві́кна здава́лися ще кра́щими. Ви́соко вгорі́ прикраси́ли кімна́ту кві́тами, а на підло́гу покла́ли м'які́ килими́. До́вгі столи́ були́ тако́ж прикра́шені кві́тами, а срі́бні й золоті́ тарілки́ ся́яли, як со́нце. Уве́сь пала́ц був — ні́би ка́зка! Загра́ли су́рми. Увійшла́ кня́зева роди́на. Усі́ го́сті ни́зько вклони́лися. Тоді́ увійшо́в сам князь Яросла́в зі свої́ю дочко́ю А́нною.

Коли гості побачили Анну, вони заніміли. Була вона така гарна, що не можна описати. Вона стояла вся в білому, довге золоте волосся було прикрашене перлами, а на голові світилася золота корона з дорогими камінням.

Ярослав та Анна сіли на золоті крісла біля столу. Князь дав знак — і всі сіли за столи. Музика почала грати, а слуги приносили смачну їжу: печені дикі кури, качки, голуби та інші птахи. Були печені дикі кози, олені з рогами, дикі кабани з яблуками в ротах. Були й високі торти прикрашені пташками з цукру. Були також мед і садовина — свої та з далеких теплих країв.

Одні слуги приносили пити в золотих і срібних келихах, інші носили воду, щоб гості могли помити собі пальці, а ще інші слуги махали великими перами, щоб гостям не було гаряче.

— М-м-м! — сказало Стукало-Дзьобало. — Мені вже хочеться їсти.

— Невже ти забуло, як учора позеленіло? — сказав Вухатий. — Можеш тепер трохи почекати.

— О!.. Я б хотіла побачити князівну Анну, — сказала Олеся. — Вона була дуже, дуже гарна!

— Так, так! Я також хотіла б її побачити, — сказала Жаслин. — Королева Анна була найгарніша і найдобріша королева у світі.

— Тому що вона була українка, — гордо сказав Данилко.

— Ха-ха-ха! — засміявся чоловік. — Сказав, як правдивий козак! А тепер послухайте до кінця про свято в честь князівни Анни.

— О, пардон, — сказала Жаслин. — Ми були дуже нечемні. Розкажіть нам ще про князівну Анну. Просимо вас, пане!

— Увесь час, коли гості сиділи за

столо́м, — розповіда́в да́лі чолові́к, — гра́ли музи́ки на банду́рах і сопілка́х. Ча́сом му́зика става́ла голосні́шою, тоді вихо́дили дівча́та в до́вгих су́княх і танцюва́ли. І́нші дівча́та співа́ли про сла́ву кня́зя Яросла́ва та про красу́ князі́вни А́нни.

Коли́ скінчи́ли ї́сти, князь попроси́в усі́х ви́йти надві́р. Спе́ршу парадува́ли ве́ршники на га́рних кня́жих ко́нях, по́тім ли́царі пока́зували, як би́тися шабля́ми і стріля́ти з лу́ків. Тоді́ привели́ вовкі́в і ведме́дів, які́ сіда́ли, ляга́ли, переверта́лися й танцюва́ли. Пі́сля них ї́хали ве́ршники на ди́ких ко́нях. А сміхуни́ бі́гали, танцюва́ли, співа́ли смішні́ пісні́ й так весели́ли госте́й.

Коли́ свя́то скінчи́лося, від'ї́хала князі́вна А́нна до Фра́нції, де вона́ ста́ла короле́вою.

На цьо́му чолові́к закі́нчив і піші́в до і́нших люде́й, які́ його́ про щось пита́ли.

НА ПЕРЕКУСЦІ

— Я хотіла б ще знати, що сталося з князівною Анною, коли вона приїхала до Франції? — спитала Олеся.

— Тепер ні, — сказав дід. — Уже час обідати. Он там будка. Пластунки продають ковбаски в булці, пампушки, коржики та може ще і щось інше.

— Стукало-Дзьобало, що з тобою? — спитала Олеся. — Чого ти так зігнулося?

— Бо в мене болить живіт. Я так хочу ї-їсти... — відповіло Стукало-Дзьобало і взялося за живіт.

— Ну, то ходімо їсти. Ми вже всі голодні, — сказав дід.

— Але цим разом, Стукало-Дзьобало, не їж так багато вареників, бо знову позеленієш, — засміявся Вухатий.

— Я вже не хочу ні вареників, ні голубців, ні пиріжків, — сказало Стукало-Дзьобало. — Я їв їх учора. Тепер буду їсти ковбаски в булці та пампушки.

І всі пішли до будки, куди сходилися люди.

— У-ла-ла! — сплеснула руками Жаслин. — Так багато всього, що я не знаю, що взяти: чи гатдог, чи гамбургер, чи пампушку, чи морозиво... може, кока-кола чи молоко...

— Беріть, що хто хоче, — сказав дід. — Але я раджу пити молоко, бо воно здоровіше, ніж кока-кола.

Коли всі вже мали, хто що хотів, вони посідали біля столиків під деревами.

Раптом підбігла до них одна жінка

і сказала: — Жаслин, то ти тут? А ми тебе шукаємо!

— О, мадам Буланже! — підскочила з крісла Жаслин. — Я вже йду...

— Сідай і їж, — сказала мадам Буланже. — Я на тебе почекаю.

— Мадам, це мої друзі Олеся, Данилко, зайчик Вухатий і Стукало-Дзьобало, — сказала Жаслин. — А це Олесин дід, який каже себе називати козак Вусатий... А це моя вчителька французької мови, мадам Буланже.

— Прошу сідати з нами, пані вчителько. Може принести вам щось їсти або пити? — спитав дід.

— Дуже дякую, — відповіла мадам Буланже по-українському. — Якщо можна, я з'їла б гамбургер, такий як у Данилка, і напилася б кави.

— Я зараз принесу вам, — сказав Данилко і побіг до будки.

— Де ви, мадам, навчилися так гарно говорити по-українському? — запитав дід.

— Я виросла тут недалеко в українському селі. Усі мої друзі були українці, — відповіла мадам Буланже. — Я від них навчилася говорити по-українському.

— О, Данилко вже тут, — сказала мадам Буланже. — Мерсі боку! Дякую!

— Б'єн веню, будь ласка! — відповів Данилко.

— Мадам, — попросила Олеся, — нам розповідав чоловік про Анну Ярославну, про те, як вона виїжджала до Франції. Чи можете ви нам розказати про неї, як вона стала королевою Франції?

А́ННА ЯРОСЛА́ВНА, КОРОЛЕ́ВА ФРА́НЦІЇ

— Так, — сказа́ла мада́м Буланже́. — Коли́ А́нна Яросла́вна приї́хала до Фра́нції, тоді́ вона́ привезла́ з собо́ю не ті́льки бага́то дороги́х рече́й, але́ і книжо́к. Усі́ були́ ду́же здиво́вані, що вона́ вмі́ла чита́ти й писа́ти, бо в ті часи́ ма́ло хто вмів чита́ти й писа́ти. На́віть де́які королі́ не вмі́ли.

Вінчання Анни й Генріха Першого відбулося у великій церкві в Раймсі у Франції. Перед вінчанням, Генріх та Анна підписалися у церковній книзі. Коли Анна підписалася, всі князі, що були ближче, підходили подивитися на підпис, бо це було щось нове, якщо жінка вміла писати.

Французький письменник Лєвек писав так про Україну: Цей край більший, щасливіший, сильніший, славніший і культурніший, ніж сама Франція.

Коли Ге́нріх поме́р, А́нна ста́ла короле́вою Фра́нції, бо ї́хній син Фили́п був ще мали́й, щоб бу́ти короле́м. Як короле́ва Фра́нції, А́нна ча́сто підпи́сувалась. Ще й тепе́р мо́жна поба́чити її́ пі́дпис на стари́х книжка́х по церква́х і музе́ях.

— О, ми ба́чили кни́жку у музе́ї. На ній був пі́дпис А́нни Яросла́вни, — сказа́в Дани́лко.

— Там тако́ж був її́ портре́т. Вона́ така́ га́рна! — сказа́ла Оле́ся.

Так, — да́лі розповіда́ла мада́м Буланже́. — Письме́нник Лєве́к писа́в, що гарні́шої не було́ на сві́ті. Вона́ зроби́ла бага́то для Фра́нції, збира́ла книжки́, будува́ла це́ркви та шко́ли. За її́ ча́су бага́то люде́й навчи́лося чита́ти й писа́ти. Єва́нгеліє, що вона́ привезла́ з Украї́ни до Фра́нції, залиши́лося в тій це́ркві, де князі́вна А́нна й коро́ль Ге́нріх присяга́ли, коли́ вінча́лися. Від то́го ча́су всі королі́ Фра́нції присяга́ли на то́му са́мому Єва́нгелії.

— Я зна́ю, чому́ А́нна була́ така́ му́дра, — сказа́ло Сту́кало-Дзьо́бало. — Її ба́тько був Яросла́в Му́дрий!

— Ба́чиш, яке́ й ти му́дре, — сказа́в Вуха́тий, — що таке́ приду́мало. — І всі засмія́лися.

СЛА́ВНИЙ КНЯЗЬ ЯРОСЛА́В

— Так, ба́тько А́нни був Яросла́в Му́дрий, — сказа́в дід. — Він ду́же бага́то зроби́в для Украї́ни. А́нна бага́то навчи́лася від свого́ ба́тька.

Яросла́в Му́дрий зроби́в Ки́їв головни́м мі́стом Украї́ни, побудува́в си́льні сті́ни навко́ло Ки́єва і вели́кі золоті́ воро́та з це́рквою на них. Він збудува́в тако́ж прекра́сну це́ркву свято́ї Софі́ї.

— Ми ба́чили фільм про це́ркву свято́ї Софі́ї, — сказа́в Дани́лко. — Вона́ вся розмальо́вана всере́дині й покри́та зо́лотом зве́рху.

При це́ркві свято́ї Софі́ї Яросла́в зібра́в бага́то книжо́к. Він хоті́в, щоб якнайбі́льше люде́й в Украї́ні вмі́ли чита́ти й писа́ти. Тому́ він будува́в шко́ли й нака́зував усі́м посила́ти свої́х діте́й учи́тися.

— О, то це *ВІН* так зроби́в, що ми тепе́р му́симо до шко́ли ходи́ти! — сказа́в Вуха́тий.

— Ш-ш-ш! Не говори́, коли́ дід гово́рить, — сказа́ла Оле́ся.

Дід усміхнувся й говорив далі:

— Ярослав також зібрав закони України в одну велику книгу, щоб усі люди знали, що можна і чого не можна робити.

У тій книзі написано, як треба судити тих, що недобре роблять. Якщо хтось узяв якусь річ у сусіда, то мусив віддати сусідові не тільки те, що взяв, але ще й мусив дати йому гроші.

За Ярослава Мудрого Київ став культурним осередком на сході, а слава про Україну розійшлась по всьому світі.

Тому́ королі́ рі́зних краї́н хоті́ли вінча́тися з до́чками Яросла́ва або́ повінча́ти свої́х до́чок із його́ сина́ми.

— Чи в Яросла́ва були́ і́нші до́чки? — спита́ло Сту́кало-Дзьо́бало.

— О, так, — відпові́в дід. — Усі́ вони́ повінча́лися або́ з короля́ми, або́ з князя́ми і́нших краї́н. А сини́ тако́ж повінча́лися з до́чками королі́в або́ князі́в. Тому́ Яросла́ва назива́ли те́стем Евро́пи.

— Чи всі його́ до́чки були́ такі́ га́рні, як А́нна? — спита́в Дани́лко.

— А диви́ся, про що він ду́має, — засмія́вся Вуха́тий.

— Так, — відпові́в дід. — Не ле́гко було́ діста́ти собі́ за дружи́ну дочку́ Яросла́ва.

Коро́ль Гара́льд із Норве́гії хоті́в узя́ти собі́ князі́вну Єлисаве́ту, сестру́ А́нни Яросла́вни, за дружи́ну. Але́ Єлисаве́та сказа́ла, що вона́ ста́не дружи́ною ті́льки сла́вного ли́царя.

Гаральд так хотів мати Єлисавету за дружину, що робив усе, що вона хотіла. Він переплива́в великі моря, бився з ворогами... Нарешті Єлисавета побачила, що він правдивий лицар і вийшла за нього заміж.

— То був Гаральд Сміливий. Я читав про нього у книжці «Пригоди вікінгів», — сказав Данилко.

— За королівства Гаральда та Єлисавети моряки з Норвегії перепливали море, — далі розповідав дід. — Кажуть, що вони припливли були й до східнього берега Канади.

— Якщо так справді було, то Єлисавета Перша, була б королевою Канади, — сказав Данилко.

— Цього ще ніхто не доказав, — сказав дід. — Але вже доказали, що англійська королева Єлисавета Друга споріднена з князями давнього Києва. Ти кажеш, що читав про короля Гаральда та князівну Єлисавету? Розкажи нам про це.

КНЯЗІВНА ЄЛИСАВЕ́ТА

— Я знайшо́в кни́жку в бібліоте́ці про короля́ Гара́льда і його́ бра́та короля́ Ола́фа з Норве́ґії, — сказа́в Дани́лко. — Це було́ тоді́, коли́ норве́зьке ві́йсько напа́ло на А́нглію. Англі́йське ві́йсько було́ ду́же си́льне й норве́жці му́сили відійти́. У тій війні́ Ола́ф був заби́тий. Але́ по́ки він уме́р, він сказа́в Гара́льдові, щоб пої́хав до Ки́єва і взяв собі́ князі́вну Єлисаве́ту за дружи́ну. Тоді́ її ба́тько, князь Яросла́в, бу́де йому́ допомага́ти. Тому́ то Гара́льд і Арслі́ф, оди́н із вікі́нґів, що ві́рно служи́в Гара́льдові, приї́хали у Ки́їв до кня́зя Яросла́ва в го́сті.

«Віта́ю, бра́те!» — сказа́в князь Яросла́в. «Сіда́й тут, на дру́гому королі́вському кри́слі, бі́ля ме́не. Дружи́на моя́ поме́рла, ніхто́ на ньо́му тепе́р не сиди́ть.»

Гаральд подякував йому і сів на крісло, а Арсліф сів на підлозі біля Гаральда.

Слуги принесли їм вина з диких ягід. Гаральд розказував про всякі пригоди, яких він зазнав по дорозі до Києва. Коли Гаральд скінчив, князь Ярослав сказав слугам привести князівну Єлисавету, щоб вона познайомилася з Гаральдом, королем Норвегії.

Єлисавета прийшла. Вона була висока, обличчя бліде, а ясно-жовте волосся густе й довге. Очі в неї були сині, на устах така усмішка, ніби вона от-от засміється.

Гара́льд ще ніко́ли не ба́чив тако́ї ді́вчини. Вона́ йому́ ду́же сподо́балась. Але́ ста́лася приго́да. Єлисаве́та показа́ла па́льцем на Арслі́фа і сказа́ла: «Хто йому́ сказа́в, що він мо́же сиді́ти, як ма́впа, бі́ля ніг кня́зя? А що ро́бить той осе́л на королі́вському крі́слі?» І вона́ показа́ла па́льцем на короля́ Гара́льда.

Князь Яросла́в зака́шлявся, але́ таки́ сказа́в: «До́ню моя́ лю́ба, привіта́й на́шого го́стя, короля́ Гара́льда з Норве́гії. Підійди́ бли́жче, до́нечко, поцілу́й його́ за на́шим звича́єм.»

«Ні за шо в сві́ті!» — нече́мно сказа́ла князі́вна. «Я б скорі́ше поцілува́ла на́шого ко́тика, ніж тако́го пога́ного чолові́ка. Подиві́ться на ньо́го! Ру́ки такі́ до́вгі, що аж вися́ть із рукаві́в, а вели́кі но́ги вкри́ті боло́том. Подиві́ться на його́ вели́ку го́лову! Яки́й до́вгий у ньо́го ніс! А воло́сся? Таке́ до́вге, густе́, не ми́те й не заче́сане! Що за відва́га показа́тися так у князі́вському до́мі!

Я пе́вна, що в ньо́го у воло́ссі живе́ не одна́ блоха́, так як у на́шого соба́ки на спи́ні!»

Коро́ль Гара́льд ско́чив з крі́сла, підбі́г до князі́вни Єлисаве́ти та й сказа́в їй: «Ти назива́єш себе́ князі́вною. Ти! Я ба́чив чемні́ших дівча́т, що в Норве́гії сви́ні па́сли. А ти?»

Князь Яросла́в був злий, що Єлисаве́та така́ нече́мна. Він сказа́в до не́ї: «До́чко, коро́ль Гара́льд перейшо́в дале́ку доро́гу, щоб до нас загости́ти!»

«Ну, то й що? Невже́ це щось таке́ вели́ке? Але́ не бу́демо сва́ритися. Неха́й поцілу́є мене́,» — сказа́ла Єлисаве́та. І вона́ зроби́ла крок бли́жче до Гара́льда й поверну́лась обли́ччям догори́, щоб він поцілува́в.

Гара́льд поцілува́в Єлисаве́ту, але́ незаба́ром почервоні́в, як вого́нь, коли́ поба́чив, що вона́ взяла́ хусти́ну й ду́же обере́жно ви́терла собі́ на обли́ччі те мі́сце, де Гара́льд поцілува́в.

Для князя Ярослава цього було вже досить. Він сказав до Гаральда: «Відколи померла її мати, вона має багато свободи. Я радію, що ти приїхав. Може допоможеш мені навчити її чемности. Отже, перегни її через коліно й добре поплескай. Я не можу цього зробити, бо вона від мене втече.»

Князівна Єлисавета засміялася, а Гаральд йому сказав: «Бити її? Та немає кого! Краще накажи слугам завести її до кімнати побавитися з ляльками. Вона ще дитина й не досить мудра, щоб зустрічатися з королями.»

Князь Ярослав і всі в кімнаті

засміялися, а князівна вибігла з кімнати й побігла до спальні. Зі злости потягнула вона служницю за волосся, кидала подушками й тупала ногами. Потім лягла на ліжко, била руками й сильно голосила зі злости. Коли злість перейшла, вона вислала служницю подивитися, що робить Гаральд.

Гаральд перебув у Києві цілий рік. Він ходив у походи з вояками на турків. Він допоміг Ярославові будувати церкви. Він став славним лицарем.

Князівна Єлисавета змінилася. Вона стала чемною і розумною. Нарешті князь Ярослав дав згоду на її вінчання з королем Гаральдом.

І що то було за весілля! У великій церкві горіли свічки. Хлопці співали, як янголи, перед золотим столом. А князь Ярослав був такий задоволений, ніби дістав найбільше багатство.

Після весілля Гаральд і Єлисавета поїхали до Норвегії. Вони жили щасливо. У них було два сини й дві дочки.

Коли Гаральд пішов ще раз у похід на Англію, йому не пощастило, і він загинув у бою.

ВИ́СТАВКА

— Як ціка́во ти розповіда́в, Дани́лку. Ми з ва́ми сиді́ли б тут ці́лий день, — сказа́ла мада́м Буланже́. — Але́ нам тре́ба вже йти. Ходи́, Жасли́н. До поба́чення! О ре-ву-а́!

— Нам тако́ж тре́ба йти, — сказа́в дід. — Ми ще хо́чемо поба́чити ре́чі з рі́зних краї́н.

— А де вони́? — спита́ло Сту́кало-Дзьо́бало.

— Ході́ть зі мно́ю! Я вам покажу́, — сказа́в дід.

Усі́ пішли́ з ді́дом.

— О, як бага́то лярьо́к! — кри́кнула Оле́ся і підбі́гла до сто́лу, де стоя́ли ля́льки у стро́ях з рі́зних краї́н. — Ось тут ля́лька Джі́на, італі́йка, а це Бет'є́, голя́ндка. Які́ га́рні дерев'я́ні череви́чки в не́ї! А ця ля́лька Чінг Лінг, кита́йка, і Дару́ся, украї́нка. Тако́ж є ля́льки хло́пчики: індія́ни, гре́ки, норве́жці й

німці. Це Робі, шотляндець, а ця лялька — хлопчик Ганс, німець, у коротких, шкіряних штанах, у сорочці й капелюсі. Дивіться, яка смішна ця лялька! Ніби хлопчик, ніби снігова баба.

— Це «бон-ом», французька лялька, — сказав дід. — Коли французи справляють велике свято взимку, тоді роблять таку велику ляльку «бон-ом», на знак дружби.

— О, так багато ляльок! І всі такі гарні! — сказала Олеся. — Дивіться! Там ескімоси і...

— Уже досить ляльок, — сказав Данилко. — Я хочу щось інше побачити.

Дивись, он там скульптура, різьба, кераміка та інші речі.

— Стукало-Дзьобало! Що ти робиш? — закричала Олеся. — Не можна дзьобати у скульптуру.

— А чого воно не хоче рушитися? — спитало Стукало-Дзьобало.

— Цей тюлень не живий. Він зроблений із каменя, — сказав дід. — Ескімоси роблять багато гарних речей із каменя.

— О, який цікавий тотем! — сказав Данилко. — Шкода, що індіяни не роблять уже собі тотемів.

— Е! Що там тотем! Дивіться, які гарні індіянські мокасини! — сказав Вухатий.

— А мені подобаються ті тарілочки, писанки, вази та інші речі, вирізьблені з дерева, — сказав Данилко. — Дивіться, які гарні ікони! А там модель козацької церкви! Це українське мистецтво! Я хотів би навчитися, як його робити.

— Диві́ться на украї́нську кера́міку, — сказа́ла Оле́ся. — Мені́ подо́бається ось цей гле́чик. Він так га́рно розмальо́ваний.

— А що це за то́рба? — спита́в Вуха́тий і показа́в на шотля́ндську воли́нку.

— Це шотля́ндська воли́нка, — відпові́в дід. — Наш сусі́д ма́є таку́ воли́нку і гра́є на ній у пара́дах.

— А то банду́ра, — сказа́ло Сту́кало-Дзьо́бало. — Коза́к учо́ра грав на такі́й банду́рі і співа́в.

— Сопі́лка! — закрича́в Дани́лко. — Ді́ду, ви каза́ли, що зро́бите мені́ сопі́лку.

— Так, Дани́лку, — сказа́в дід. — Як не зроблю́, то куплю́ тобі́ га́рну сопі́лку тоді́, коли́ пої́ду в Украї́ну.

— А що мені́ ку́пите, діду́сю? — спита́ла Оле́ся.

— А що б ти хоті́ла? — спита́в дід. — Мо́же яку́сь ви́шивку, таку́ як там на столі?

— Час уже їхати додому, — сказав пан Білик. — Мама вже чекає з вечерею. Ходіть зі мною, авто недалеко звідси.

— А нам треба далі в дорогу, — сказав Вухатий. — Дякуємо вам за гостину.

— Вухатий! — сказало Стукало-Дзьобало. — Дивися, що тут написане. — І Стукало-Дзьобало почало читати:

МАЛЮНОК ДІДУСЕВІ

В зошиті малюю
Гарним олівцем:
На горі стою я
Разом з баранцем.

Рідного дідуся
Дуже я люблю,
І йому малюнок
У листі пошлю:

— Дорогий дідусю!
Вам листівка ця:
Вам привіт від мене
І від баранця!

—Ах! Я забув! — крикнув Вухатий. — Зараз треба написати Петрусеві. І Вухатий узяв листівку й так написав:

ЛИСТІВКА.

Дорогий Петрусю!

Ми багато бачили. Там були діти, що їхня мова не англійська. Вони вдома говорять своєю мовою.

Канада багатокультурна! Ми бачили в музеї багато речей, що люди привезли з різних країн світу. Їхня мова, пісні, танці, звичаї, мистецтво збагачують Канаду.

Ху! Ху! Лапки замерзають.

Стукало-Дзьобало так змерзло — аж посиніло. Треба йому кожушини.

Думаю, що летимо на північ, бо дуже, дуже холодно.

Бр-р-р!!!
Вухатий??? Не певно, бо вуха спустилися.)

До кого цей лист, дивись на другому боці. →

ДО ХОЛОДНОГО КРАЮ

Сонце заходило. Стукало-Дзьобало і Вухатий посідали в кошик. Вітер подув, кошик піднісся й полетів далеко, далеко. Вухатий дивився в польовий бінокль, а Стукало-Дзьобало все ближче та ближче присувалося до нього.

— Стукало-Дзьобало! — сказав Вухатий. — Чого ти лізеш під мене? Ще трохи — і я вилечу з кошика. Дивися, скільки там місця.

— М-м-мені т-т-так х-х-холодно. Зуб на зуба скаче, — сказало Стукало-Дзьобало.

— Які там у тебе зуби... — сказав Вухатий. — Справді, стало дуже холодно Але що тут робити? Де дістати тобі якусь кожушину?

— Уважай! — скрикнуло Стукало-Дзьобало. Але вже було запізно. На Вухатого щось упало й він аж присів.

— Стукало-Дзьобало! Що ти робиш?

Хо́чеш мене́ заби́ти? — закрича́в Вуха́тий.

— То не я, — сказа́ло Сту́кало-Дзьо́бало. — Диви́ся, ось тут кожуши́на з ка́птуром для те́бе, кожуши́на з ка́птуром для ме́не, чо́боти зі шкі́ри для те́бе і чо́боти зі шкі́ри для ме́не. Але́ твої́ чо́боти такі́ до́вгі на твої́ вели́кі ла́пи — як санки́! Ха-ха-ха́! Вони́ такі́ смішні́! — І Сту́кало-Дзьо́бало засмія́лося.

— Ти смієшся з моїх чобіт? Подивися краще на свої! Твої маленькі й тоненькі — як гілки! — крикнув йому Вухатий.

— Перестань! Невже ти хочеш сваритися? — спитало Стукало-Дзьобало.

— Я не люблю, коли сміються з мене, — сказав Вухатий і почав гризти моркву.

— Заспокійся! Я розкажу тобі вірш про Вухатого, — сказало Стукало-Дзьобало й почало:

Біг вухатий через ліс,
У торбині моркву ніс:
П'ять — зайчисі на салати,
Три — малому зайченяті.

А одну — сусідці миші, —
Зайченя вона колише,
Колиханочку співає,
Диких звірів відганяє!

— Тепер уже стало нам тепло. Можемо спокійно летіти, — сказав Вухатий. — А чи ти знаєш, Стукало-Дзьобало, що мені ще прийшло на думку? Те, що дід казав про Гаральда й норвежців. Вони справді всюди плавали, шукаючи нових земель для своїх королів...

— Але чому немає доказів, що вікінги, або норвежці, були в Америці раніше, ніж Христофор Колумб? — запитало Стукало-Дзьобало.

— Трохи доказів є, але не досить, — сказав Вухатий. — Яких сто років тому один фармер в Америці знайшов камінь на якому вирізано по-норвезькому, що там були люди з Норвегії, що вони билися з індіянами і що багато з них було забитих.

Крім того, коли Ла Верандрі подорожував через Америку на захід, він зустрів в одному індіянському селі людей, що були пів-білі й пів-індіяни, з білявим волоссям і синіми очима.

У тому селі був пам'ятник, на якому стояв менший камінь. На ньому були вирізані якісь слова, що ніхто не міг прочитати.

Ла Верандрі взяв той камінь до Франції. Ніхто тепер не знає, що з ним сталося.

— Шкода! — сказало Стукало-Дзьобало. — Може ще знайдеться. А тепер треба спати. Я думаю, що ми летимо на північ до ескімосів. Там восени дуже короткі дні, а взимку два місяці зовсім немає сонця.

— Добре, добре, — сказав Вухатий. — Цікаво, чому дали їм ім'я «ескімоси»?

— Індіяни їх так називали, бо вони їли сире м'ясо, — відповіло Стукало-Дзьобало. — Індіянське слово «ескімос» значить: «ті, що їдять сире м'ясо». Але тепер ці люди не хочуть, щоб називали їх ескімосами. Вони кажуть, що вони «інуїти», це в їхній мові значить «люди».

НОВІ ДРУЗІ

Кошик летів далі, а Вухатий і Стукало-Дзьобало спали. Раптом Вухатий прокинувся.

— Що це? Що це? — закричав він. — Стукало-Дзьобало, вставай. Нас тут собаки з'їдять!

Дивиться Стукало-Дзьобало й бачить, що кошик стоїть на сніговій горі, а навколо кошика гавкають і скачуть великі собаки. Недалеко, за собаками, біжать люди в кожухах і кричать на собак. Нарешті собаки затихли, а до кошика підійшли люди.

— Хто ви? Звідки ви взялися? — спитав один чоловік.

— Ми? Я Зайчик-Вухатий, а це Стукало-Дзьобало. О... де ж воно? Та воно десь тут було. Мабуть, сховалося. Ми хочемо побачити, як живуть люди в різних країнах світу, — сказав Вухатий. — Чи ви тут живете? Чому у вас так багато собак?

— Бачите ті горби на снігу? Це іглу, наші доми на зиму, — відповів Нипук, один із чоловіків. — Давно колись усі ескімоси жили в іглу. Узимку іглу були зі снігу, а влітку з глини. Коли було дуже тепле літо, тоді ескімоси робили собі шатра зі шкір і в них жили. Тепер вони живуть у малих хатках, збудованих із дерева. А іглу ми будуємо собі восени, тоді, коли ловимо рибу або білих ведмедів, щоб було досить їсти взимку.

— Чу́єш, Сту́кало-Дзьо́бало? Де ти? Покажи́ся! Не будь боягу́зом… — кри́кнув Вуха́тий. Тоді́ запита́в Нипука́: — Хіба́ не мо́жна лови́ти ри́бу чи бі́лих ведме́дів узи́мку?

— Узи́мку, — відпові́в Нипу́к, — со́нце зо́всім не схо́дить. Два мі́сяці, вдень і вночі́, те́мно. Ми назива́ємо їх те́мними місяця́ми. Тоді́ відпочива́ємо у своїх іґлу. Якщо́ ма́ємо до́сить пожи́ви, то мо́жемо роби́ти те, на що нема́є ча́су в я́сні, те́плі місяці́.

Жінки шиють одежу для всіх у родині, а дівчата вчаться від них. Чоловіки роблять собі ножі, сокири, луки та інші речі потрібні на ловах. У ці темні місяці ми також робимо скульптури з каменя, з дерева та з кісток, а хлопці нам допомагають.

НЕ ВСЕ, ЩО НОВЕ, ТО КРАЩЕ

Коли говорив Нипук, понад ними перелетів літак. Недалеко зашуміли й загуділи скіду та й шурхнули по снігу. Собаки пустилися за ними, але Нипук закричав на них і вони спинилися.

— Скіду́! Скіду́! Я хо́чу ї́хати на скіду́! — закрича́ло Сту́кало-Дзьо́бало й помале́ньку ви́сунуло дзьоб із ко́шика. — А соба́ки не пове́рнуться зно́ву ню́хати ко́шик?

— Яки́й же ти боягу́з! — засмія́вся Нипу́к. — Ці соба́ки тебе́ повезу́ть до на́шого села́. Не бі́йся їх!

— А чому́ ви не ма́єте скіду́? — запита́ло Сту́кало-Дзьо́бало.

Не все, що нове́, то кра́ще, — відпові́в Нипу́к. — Скіду́ потребу́є ґазолі́ни, щоб ї́хати, а соба́ки потребу́ють м'я́са. Ґазолі́ни не ле́гко тут діста́ти, а м'я́со ма́ємо з ло́вів. Тако́ж, коли́ скіду́ полама́ється, то тре́ба чека́ти, щоб хтось приї́хав по те́бе. Тоді́ тре́ба поїхати до мі́ста, замо́вити таку́ части́ну, що полама́лася, й чека́ти по́ки її не привезу́ть літако́м.

РАЧКИ В ІҐЛУ

— А тепер ходіть зі мною до нашого іґлу. Ми вже зловили кита, тюленя й наловили багато риби, — далі говорив Нипук. — Треба все це завести до села, щоб заморозити на зиму.

— У вас, мабуть, великий заморожувач, — сказало Стукало-Дзьобало.

— Нащо вам заморожувач? — запитав Вухатий. — Тут же досить холодно від морозу.

— Наш спосіб життя багато змінився. У селі ми маємо електрику. Можуть бути холодильники й заморожувачі. Тоді

мо́жна трима́ти заморо́жене м'я́со на́віть улі́тку, — сказа́в Нипу́к. — А холоди́льник потрі́бний для то́го, щоб сві́жа ї́жа не заме́рзла.

— О, які́ га́рні цуценя́та! Чи мо́жна з ни́ми ба́витися? — запита́ло Сту́кало-Дзьо́бало.

— Мо́жна, — відпові́в Нипу́к. — Але́ я ду́мав, що вам ціка́во поба́чити на́ше і́ґлу. Прошу́ зайти́.

— А де две́рі? — спита́в Вуха́тий. — Я не ба́чу двере́й.

— Ха-ха-ха́! — засмія́вся Нипу́к. — Тре́ба лі́зти в і́ґлу ра́чки.

І Нипу́к поча́в туди́ лі́зти, а Вуха́тий за ним.

— Я не мо́жу лі́зти ра́чки! — закрича́ло Сту́кало-Дзьо́бало. — Що ж мені́ роби́ти?

— Ляга́й, — сказа́в Вуха́тий. — Нипу́к бу́де тебе́ тягну́ти, а я бу́ду пха́ти.

І так вони́ залі́зли в і́ґлу.

— Ух! Я б не хотів робити це щодня, — сказало Стукало-Дзьобало. — Чому ви не зробите дверей?

— Узимку віють сильні вітри. Було б холодно в іґлу, — відповів Нипук. — Крім того, не треба відчиняти й зачиняти дверей.

— Я думав, що всі іґлу збудовані тільки зі снігу, — сказав Вухатий. — А цей зроблений із дерева й землі.

— Тепер ще мало снігу, — сказав Нипук. — Коли впаде більше, тоді можна буде зробити ще одну зі снігу.

— О, яке тут велике ліжко! — сказало Стукало-Дзьобало. — На ліжку суха трава і шкіри. Хто тут спить?

— Тут спить уся родина — тато, мама, діти, дід і баба, тітка й дядько, навіть гості, — відповів Нипук. — Бачиш, там сидить Отак. Він також наш гість. Він їв і спав з нами.

— Вухатий, дивися, що робить та жінка, — сказало Стукало-Дзьобало й потягнуло зайчика туди, де жінка щось робила.

— Це Нупа, — сказав Отак. — Вона робить морозиво для вас.

— Добре, добре! Я люблю морозиво! — закричало Стукало-Дзьобало, але коли він подивився уважно, як Нупа робила морозиво, йому не схотілося його їсти.

Спершу Нупа нагріла товщ із північного оленя, додала до нього посіченого м'яса й поставила, щоб усе це прохололо. Тоді вона била рукою товщ майже дві години, аж поки він став білим. Потім додала до нього ягоди.

— Будь ласка! Смачне морозиво! — сказала Нупа й подала трохи Стукалові-Дзьобалові.

— Ні, дякую, — сказало Стукало-Дзьобало. — Я ще не хочу їсти.

Вухатий також подякував і додав, що може пізніше буде їсти, а тепер ще не голодний.

— Я думаю, що санки вже готові. Можна їхати до нашого села, — сказав Нипук. — Треба знову лізти рачки надвір.

— Ходи Стукало-Дзьобало, — сказав Вухатий.

— Я сам тепер посунуся. Ви лізьте наперед, а я за вами, — сказало Стукало-Дзьобало.

— Добре, — згодився Нипук і знову поліз рачки перший.

Коли вже всі були надворі, Отак і Нипук пішли подивитися, а Стукало-Дзьобало знову пішло до цуценят.

— Вухатий, — сказало воно. — Може б вони нам дали одне цуценя?

— Ні, — відповів Вухатий. — Ці цуценята ще малі. Їх не можна брати від мами.

— Усе готове! — крикнув Отак. — Сідайте тут на санки і покладіть шкіру на ноги, щоб не було холодно.

— Гок! Гок! Ї-і-іп! — крикнув Нипук і собаки почали бігти щосили.

— Сховáй дзьóбик, а то загýбиш його на морóзі, — засміявся Вухáтий.

— Як мóжна дзьоб загубúти? Хібá його відрíжеш, — сказáло Стýкало-Дзьóбало.

— Ти, мáбуть, не знáєш легéнди «Як крук дзьóба загубúв»? — спитáв Вухáтий.

— Ні, — відповіло Стýкало-Дзьóбало. — Розкажú!

ЯК КРУК ДЗЬÓБА ЗАГУБИ́В

— Крук був хитрýн, такúй що ну! — почáв Вухáтий. — Він мав такý надзвичáйну сúлу, що міг змінúтися з птáха на чоловíка, з чоловíка на тварúну і так дáлі, у що б він не хотíв.

Одногó дня крук ішóв бéрегом óзера, щоб знайтú щось їсти. Недалéко побáчив кíлька чоловікíв, що ловúли рúбу. Крук пірнýв під вóду і, як тíльки рúба зловúлася на гачóк, він зáраз же собí взяв її.

Чоловіки́ не могли́ зрозумі́ти, чому́ ри́ба зника́ла з гачкі́в. Ра́птом оди́н чолові́к почу́в, що щось тя́гне його́ ву́дку. Але́ він ву́дки не пусти́в і щоси́ли потягну́в до се́бе.

Кру́ків дзьоб зачепи́вся за гачо́к на ву́дці, і крук нія́к не міг відчепи́тися. Наре́шті дзьоб відлама́вся і залиши́вся на гачку́.

Чолові́к ви́тягнув ву́дку з води́. Ди́виться, а на кінці́ ви́сить щось таке́ ди́вне, що ні він, ані́ і́нші риба́лки ще ніко́ли не ба́чили.

Узяли́ вони́ ту ди́вну річ додо́му, але́ й там ніхто́ не міг пізна́ти, що це було́.

Наре́шті понесли́ вони́ ту ди́вну річ до свого́ ватажка́. Ватажо́к пові́сив її́ в се́бе на стіні́. До ньо́го прихо́дили наймудрі́ші лю́ди, але́ ніхто́ не міг сказа́ти, що це було́.

Крук не міг бу́ти без дзьо́ба і поча́в ду́мати, як би його́ наза́д діста́ти.

Він змінив себе на старого чоловіка з довгою бородою і закрив обличчя, щоб ніхто не бачив, що в нього немає носа. Тому, що він не мав дзьоба, коли був круком, тепер він не мав і носа, коли став чоловіком.

І так крук, як чоловік, пішов до ватажка й попросив показати йому ту дивну річ, що висить у нього на стіні. Коли йому показали ту дивну річ, він обертав її і пильно дивився, так ніби ніколи її не бачив.

Потім він швидко відкрив обличчя і причепив ту річ там, де повинен був бути ніс. У ту хвилину чоловік змінився на крука: «Кра! Кра! Кра!» — закричав крук, та й вилетів із кімнати й полетів собі далеко, далеко.

— Чого ж ти мені це кажеш? — спитало Стукало-Дзьобало. — Я не ходжу ловити рибу дзьобом і мені нічого такого не станеться.

— Але бачиш, ти не заснуло, — сказав Вухатий. — Дивись! Там будують іґлу зі снігу.

БАНК КУЛЬТУРИ

— Бідні собаки, — сказало Стукало-Дзьобало. — Вони, мабуть, замерзли, бо лежать, як великі білі м'ячі на снігу.

— Ми тут відпочинемо, — сказав Нипук. — Треба дати м'яса собакам, а нам також уже час їсти.

Але Вухатого і Стукала-Дзьобала більше цікавило те, як будують іґлу. Вони пішли подивитися.

Ескімоси дуже радо їм розповідали й показували, як вони це роблять. Спершу вони зробили велике коло на снігу і поклали по колу великі брили снігу.

Коли поклали брили по колу, тоді почали класти другий ряд поверх першого ряду. Так стіна ставала вищою і вищою, вже не було видно тих, що будували іґлу. Вікна зробили з льоду, а на верху лишили дірку. Також не забули про вихід — тунель. Тунель зробили дуже довгий, щоб там було місце сховатися собакам від вітру й сильного морозу...

— Чи ви будете тут завжди жити? — спитало Стукало-Дзьобало.

— О, ні, — відповів Таптуна, один із ескімосів. — Ось мій син Налак. Він ходить до школи у великому місті. Він хоче стати пілотом і літати літаком до різних країн світу. Я хочу також, щоб він пізнав свій край та культуру своїх людей, інуїтів. Тому я вчу його, як будувати іглу, як ловити рибу, тюленів, китів, північних оленів, білих ведмедів та як забезпечити собі життя в такому холодному краю. Коли він буде все це знати, тоді він буде почувати себе, як удома, між своїми людьми.

— Браво! — заплескав Вухатий. — Такого бажають усі батьки своїм дітям. Індіяни бажають, щоб їхні діти не забули мови, звичаїв та культури батьків. Ми бачили також, що українці французи, італійці та люди з інших країн дбають, щоб їхні діти добре знали свою мову, свої звичаї, свою культуру.

Вони знають, що тільки тоді їхні діти стануть добрими й корисними громадянами того краю, в якому живуть, коли зможуть щось дати від себе до культури того краю.

— Так, так! — додало Стукало-Дзьобало. — Культура краю — це великий банк, до якого всі люди, що там живуть, кладуть щось із своєї культури. Це може бути музика, пісня, мистецтво, тощо. Коли люди більше вкладають до того банку, то багатший стає банк і можна більше з нього брати. Коли я бачу образ на стіні або писанку, що прикрашує кімнату, або почую пісню чи музику, що мені подобається, я гордий тоді, коли я знаю, що це вклад із культури мого народу. Я знаю тоді, що я не з тих, які тільки беруть, але нічого не дають. Тоді мені стає... ну, як би то сказати... мені стає тепло коло серця, коли й моя культура йде у світ.

— Чуєш? Чуєш, Налак? — сказав Таптуна. — А ти поїдеш до школи, то вже й не хочеш приїхати додому, бо там і телевізор, і радіо, й театри, гокей та інші ігри. Отже, не треба все міняти на чуже! Зміна не завжди добра для нас. Наш спосіб життя не такий, як спосіб життя людей у теплих країнах.

— Ні, тату, — сказав Налак. — Тут немає вже молодих людей. Вони всі по містах. Тут живуть тільки старші люди й діти, що не ходять ще до школи.

— Час нам у дорогу, — сказав Нипук. — Ану, Вухатий і Стукало-Дзьобало, на санки!

— Ми зараз також поїдемо, — сказав Таптуна. — Побачимося в селі.

Собаки бігли швидко і скоро приїхали до села. Нипук попросив усіх зайти до хати.

У СЕЛІ

У хаті було тепло. Світило електричне світло. Там були стіл і крісла. Жінка щось готувала їсти на електричній плиті.

— Це моя дружина, Нуна, — сказав Нипук. — А це мій син, Катук, і дочка Кінуана.

— Добривечір! — чемно сказали Вухатий і Стукало-Дзьобало.

— Вітаємо! — сказала Нуна. — Прошу сідати. Зараз будемо вечеряти. Кінуано, накривай стіл.

Коли все було вже готове, Нуна попросила всіх вечеряти. На столі було багато їжі.

— Горо́дина! Тут на пі́вночі! — здиво́вано сказа́ло Сту́кало-Дзьо́бало. — Де ви дістає́те горо́дину? Та ж тут так хо́лодно.

— О, тут не за́вжди так хо́лодно, як тепе́р, — відпові́в О́так. — У нас тако́ж є по́ри ро́ку, але́ вони́ не такі́ са́мі, як у вас. Ми ма́ємо мі́сяці со́няшні, коли́ со́нце ніко́ли не захо́дить, мі́сяці, коли́ лама́ється лід, мі́сяці ро́сту, мі́сяці заморо́ження, мі́сяці, коли́ те́мно, й мі́сяці, коли́ зо́всім не схо́дить со́нце. Тепе́р ми наприкінці́ тих мі́сяців, коли́ все замерза́є. Незаба́ром при́йдуть те́мні мі́сяці.

У по́ру со́няшних мі́сяців со́нце ніко́ли не захо́дить. Між го́рами пасу́ться коро́ви й росте́ все на горо́ді. Але́ ми й купу́ємо горо́дину, яку́ приво́зить літа́к із те́плих краї́н.

— Що ти роби́ла сього́дні? — спита́в Нипу́к свою́ дружи́ну.

— Я допомага́ла зшива́ти шкі́ри,

щоб покри́ти уміяк, — відповіла́ Ну́на. — Тапту́на хо́че взя́ти свого́ си́на, щоб навчи́вся лови́ти кита́. Його́ син Нала́к тепе́р удо́ма.

— Ми тако́ж покри́ли кая́к шкі́рою з тюле́ня, — сказа́в Кату́к. — Тепе́р кая́к — як нови́й!

— Ба́чу, що всі працюва́ли, — сказа́в Нипу́к. — А що моя́ мала́ Кінуа́на роби́ла?

— Я ба́вилася з Ди́ксі. Ре́нді, Кату́к і Тапту́на поі́хали будува́ти іґлу. Ди́ксі — це соба́ка, що Ре́нді привіз із собо́ю з теплі́шої краі́ни, — сказа́ла Кінуа́на. — Ба́чите, вона́ зна́є, що ми про не́ї гово́римо, тому́ й маха́є хвосто́м. Ре́нді каза́в, що вона́ вдо́ма ма́є бу́дку і не спить на снігу́. Вона́ не і́сть ні заморо́женого м'я́са, ані ри́би. Вона́ лю́бить і́жу, що купу́ють для не́ї в крамни́ці. Ди́ксі слухня́на. Вона́ не при́йде сюди́, аж по́ки я не покли́чу. Диві́ться! Сюди́, Ди́ксі, сюди́!

І Диксі прибігла до Нипука й почала нюхати його.

— Диксі, зроби «галло», — наказала Кінуана. І Диксі подала лапку Нипукові.

— Диксі, іди й лягай на килим! — знову сказала Кінуана. І Диксі послухала, пішла й лягла на килим.

— Бідна Диксі, — сказав Таптуна. — Вона звикла жити в хаті. Якби її Ренді тут покинув, вона б загинула.

— Але Ренді не покине її, — сказав Катук. — Я вже казав йому, щоб дав мені Диксі, а він каже, що Диксі любить жити з ним. Вона не могла б жити в холодному краю.

— Таптуна казав, що він і Налак прийдуть до нас, але нічого не казав про Ренді, — сказав Нипук. — Бачите, у нас дуже довгі ночі й не хочеться так довго спати. Тому ми просимо сусідів до себе, п'ємо чай, розказуємо про пригоди на ловах, співаємо, а старші розказують, як їм колись жилося.

— Ре́нді каза́в, що він при́йде пі́сля вече́рі й забере́ Ди́ксі до Тапту́ни, — сказа́ла Кінуа́на. — Тако́ж при́йде Ну́на, його́ сестра́, й моло́дший брат, Ту́ту.

— Чи при́йде Ку́нго? — спита́в Кату́к. — Він каза́в, що розка́же нам, як тут пе́рші шко́ли почали́ся.

— Так, при́йде, — відповіла́ його́ ма́ма. — При́йде тако́ж сусі́д Тиктали́ктак і його́ дружи́на Ша́рі.

— До́бре, до́бре! — скри́кнув Кату́к. — Ми бу́демо гра́тися в налуа́так.

— А що це за гра? — спита́в Вуха́тий.

— Чоловіки́ трима́ють вели́ку шкі́ру з кита́. Оди́н хло́пець стає́ на шкі́ру і вони́ підкида́ють його́ вго́ру, — розка́зував О́так. — Коли́ чоловіки́ підки́нуть хло́пця вго́ру, тоді́ він ма́є ста́ти зно́ву на шкі́ру нога́ми. Якщо́ ж не ста́не на но́ги, то впаде́. Тоді́ всі крича́ть і сміються. Вони́ ду́мають, що така́ гра ду́же смішна́.

— Я не ду́маю, що то смішна́ гра для то́го, хто па́дає, — сказа́ло Сту́кало-Дзьо́бало. — Зна́єте що? Мені́ й Вуха́тому ціка́во почу́ти про да́вні часи́ тут, у півні́чній холо́дній краї́ні.

— Так, — сказа́в Вуха́тий. — А тепе́р, по́ки ми чека́ємо на гостей́, я напишу́ листа́ до Петру́ся. Я вже до́вго не писа́в йому́.

— Добре, — сказав Катук. — Сідай біля столу, а я принесу тобі папір і перо.

Катук приніс папір і перо, а Вухатий почав писати листа.

Вухатий хотів багато написати Петрові — про північне сяйво, про малих цуценят та ігри, але не було часу.

Швидко він написав такого листа:

ЛИСТІВКА.

Дорогий Петрусю!
Надворі дуже холодно аж на вусах намерзає. У хаті тепло. Тут собаки тягають санки. Але наш Сірко не міг би тут жити. Стукало-Дзьобало має кожушок і смішні чоботи. Він не може лізти рачки. До іґлу ми його тягнули. Завтра ми вже будемо летіти додому.

До побачення!
Десь в іґлу,
Вухатий

Петро Коваль
десь на півдні
Канада

КОЛИ́СЬ І ТЕПЕ́Р

Го́сті посіда́ли, де хто хоті́в, і говори́ли про приго́ди на ло́вах. Усі́ чека́ли, коли́ прийде́ стари́й Ку́нґо. Наре́шті две́рі відчини́лися, і Ку́нґо увійшо́в, а з ним прийшо́в Ре́нді. Всі привіта́ли їх. Ди́ксі була́ ду́же ра́да. Вона́ скака́ла на Ре́нді.

— Галло́, Ди́ксі! — сказа́в Ре́нді і взяв її за ла́пку. — Ба́чу, що тобі́ тут до́бре. Тепе́р сядь. Сядь Ди́ксі! Сиди́ споко́йно.

Ди́ксі послу́хала Ре́нді й сі́ла бі́ля ньо́го.

— Діду́сю Ку́нґо, розкажі́ть нам, як ви почина́ли ходи́ти до шко́ли, — проси́ли ді́ти.

— До́бре, ді́ти, до́бре, — сказа́в Ку́нґо. — Давно́ коли́сь усі́ інуї́ти жили́ в і́ґлу взи́мку, а влі́тку роби́ли собі́ ша́тра зі шкір тюле́нів. Вони́ жили́ в ша́трах над ріко́ю. Чолові́ки ї́здили на ло́ви, а я диви́вся, як ма́ма чи́стила шкіри. Пізніше вона шила з них парки й чоботи. Я також любив бавитися з цуценятами. Вони такі пухнаті!

— А чи малі цуценята не кусають? — спитало Стукало-Дзьобало.

— Може котрийсь і вкусити, якщо не знає тебе, — відповів Кунго. — Але мене не кусали, бо вони мене добре знали.

— Стукало-Дзьобало, — сказав Вухатий. — Ти ще хочеш цуценя? Краще слухай, що дід розповідає.

— Улітку, — далі розповідав Кунго, — я сидів на сонці й дивився, як пташки перелітали і як гарно росли квіти. Були дні, коли мама брала мене з собою збирати ягоди.

А як уже приходила зима, я часто виходив надвір увечері й дивився на північне сяйво, одне з див світу.

Довгий час інуіти думали, що на світі немає інших людей, крім них. Потім почали приходити до них індіяни з лісових країн. Пізніше приходили до них і білі люди, які привезли чай, каву, тютюн і горілку. Від того часу інуїти почали хворіти.

Одного дня прийшли люди до мого батька і сказали, щоб ми поїхали до села, де вже збудували школу, крамницю й церкву. Вони казали, що всі діти мусять ходити до школи.

— І знову ті школи! Всюди біда з тими школами! — сказало Стукало-Дзьобало і вдарило себе по голові.

— Але для нас біди не було, — далі розповідав Кунґо. — Інуїти жили собі звичайним життям, ловили рибу і звірів улітку й сиділи в іґлу взимку.

Але помаленьку почали появлятися в шатрах радіо, журнали і фільми. Саме тоді я почав ходити до школи. У школі мене сперщу вчили сидіти на кріслі, митися милом і тримати олівець у руці. Я дуже скоро навчився й почав малювати образки й говорити чужою мовою білих людей.

— Хіба ви до того часу ніколи не милися? — спитав Вухатий.

— Та мився, але не водою з милом, — сказав Кунго. — Ми тоді не мали мила, бо не було де купити.

— А я ще й тепер не люблю митися, хоч мила в нас багато, — сказало Стукало-Дзьобало.

— О, тепер інакше. У нас також є мило й тепла вода, — сказав Катук.

— Інуітами зацікавились білі люди. Всюди будували школи, лікарні, крамниці, церкви та інші будинки, — розповідав далі Кунго. — Тоді радили, щоб інуіти перенеслися жити недалеко від тих будинків. І багато інуїтів послухали. Так почалися села й міста.

Тепер у тих селах і містах інуїти живуть інакше. Вони живуть у хатах, працюють у місті чи в селі, і вже їздять на лови тільки тоді, коли їм хочеться, бо в них є досить їжі.

Я навчився читати й писати по-англійському, також навчився математики. З фільмів і книжок я знав, що на світі є ще інші праці, з яких можна жити, крім тих, що в нас, інуїтів. Я навчився грати в шахи, в карти, та інші подібні гри.

Тепер усі діти ходять до школи, вчаться того, чого вчаться діти на південь звідси. Вони краще говорять по-англійському, ніж їхні батьки і забувають рідну мову, мову інуїтів. Хлопці не вчаться ловити, а дівчата не вчаться шити. Вони більше люблять слухати голосну джазову музику, дивитися на телевізор, на фільми про ковбоїв та

гра́ти в гоке́й і бі́нґо.

Доро́слі ді́ти не лю́блять на́віть додо́му приїжджа́ти. Коли́ нема́є навча́ння у шко́лі, вони́ збира́ються бі́ля крамни́ць, п'ють ко́ка-ко́ла та огляда́ють найнові́ші скіду́, що там продаю́ться. Тепе́р молоді́ вже не хо́чуть ї́здити соба́ками, але́ ко́жний хо́че ма́ти своє́ найнові́ше скіду́.

— О, а в нас ко́жний хо́че ма́ти своє́ а́вто! — сказа́в Вуха́тий. — У нас тако́ж є скіду́, але́ влі́тку ни́ми не мо́жуть ї́здити.

— Але́ зате́ влі́тку вони́ гурко́чуть на свої́х мотоци́клах до пі́зньої но́чі й не дають людям спати, — сказало Стукало-Дзьобало. — А щодо голосної джазової музики?.. Ніхто вже від неї не втече!

— Старші інуїти не люблять такого нового життя, тому почали виїжджати з міст, — знову говорив Кунґо. — Вони знову живуть у своїх шатрах улітку, а в іґлу взимку. Вони кажуть, що ця земля й море на далекій півночі належить їм, і що вони повинні користати з неї так, як колись користали.

На далекій півночі є ще великі багатства. Ці багатства можуть здобути люди, які призвичаєні до холоду й можуть працювати у холодних країнах. Таких називають «полярниками». Полярники будуть дуже потрібні тепер, коли шукають нафти на півночі. Багато інуїтів можуть бути полярниками. Тому інуїти не люблять, коли великі компанії заходять на північ і починають шукати золота й нафти. Вони знають, що це нищить їхній край. Тепер вони посилають дітей до тих шкіл, де вчать їх інуїтської мови, культури і звичаїв, — закінчив Кунго.

— Ми не забуваємо своєї мови, — сказали Туту й Нуна. — Ми також хочемо зберегти звичаї, бо коли забудемо, як давати собі раду в холодному краю, тоді інші заберуть нашу землю.

— Гарно, що ви так думаєте, — сказав Вухатий. — Українці також хочуть, щоб їхні діти не забували своєї рідної мови. Тому вони посилають їх до шкіл, де вони вчаться не тільки англійської мови, а також і української. О, а я й забув! Мені ще треба написати Петрові про все, що я бачив і чув. Треба йому сказати, що він не повинен забувати своєї мови, традицій та культури.

— Папір і перо ще на столі, — сказала Кінуана. — Прошу писати. А ми будемо дивитися в телевізор.

— Дякую, — сказав Вухатий. — Я

причеплю́ цей папі́р до листа́, яко́го написа́в пі́сля вече́рі, щоб два ра́зи не плати́ти... — І Вуха́тий сів писа́ти.

— Що за му́дра голова́! — сказа́ло Сту́кало-Дзьо́бало. — А мо́же йому́ в голові́ фі-фі! — Усі́ засмія́лися, але́ Вуха́тий не чув, бо ду́мав, що са́ме писа́ти Петро́ві.

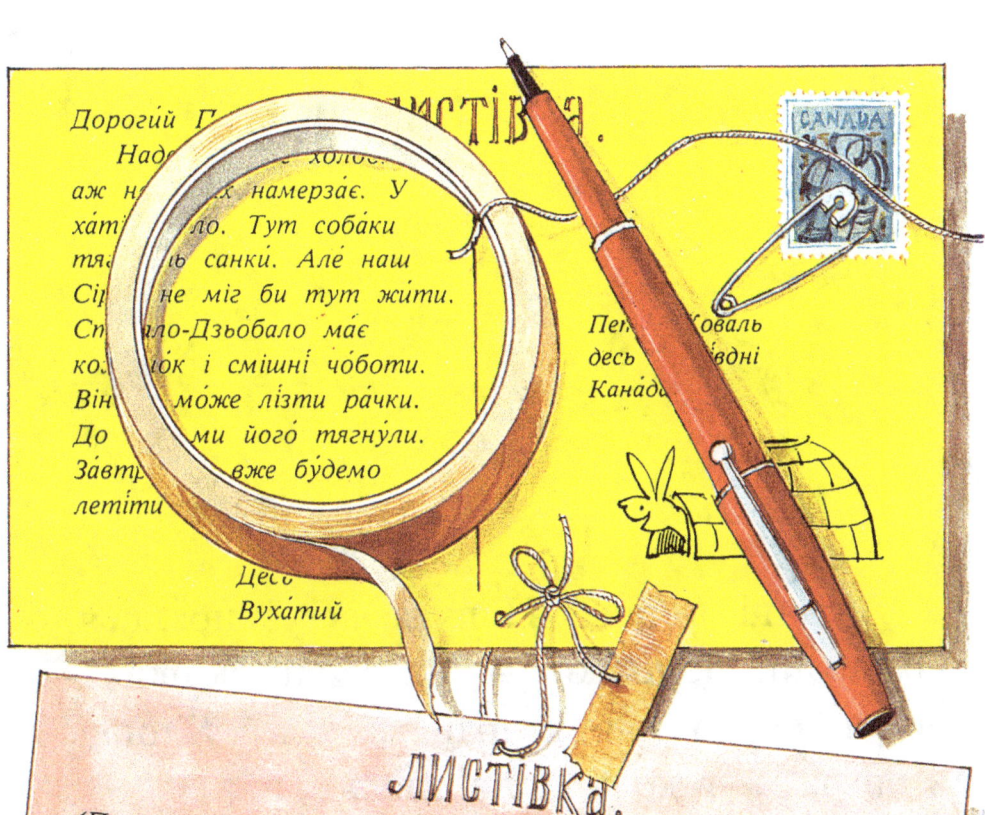

Дорогий П[...]
Надво[...] холо[...]
аж на [...]х намерзає. У
хаті [...]ло. Тут собаки
тяг[...]ь санки. Але наш
Сір[...] не міг би тут жити.
Ст[...]ло-Дзьобало має
ко[...]юк і смішні чоботи.
Він [...] може лізти рачки.
До [...] ми його тягнули.
Завтр[...] вже будемо
летіти [...]

Пе[...] [К]оваль
десь [...]вні
Кана[...]

[...]есь
Вухатий

ЛИСТІВКА.

(Пс. Я тут ще додаю до листа, що я написав після вечері.)

Я бачу, що всі люди хочуть бути добрими громадянами своїх країн. Тому мусять знати свою рідну мову й культуру. Слухай тата й маму і вдома завжди говори українською мовою.

Тоді ти не забудеш своєї рідної мови і навчишся своїх звичаїв та української культури. Якщо ти будеш так робити, то будеш добрим громадянином Канади. Тоді я також буду добрим громадянином, бо я твій зайчик,

Вухатий

Уранці в домі Нипука всі збиралися до праці: чоловіки — на лови, жінки — шити чи до іншої праці в хаті. Хлопці й дівчата також мали щось робити. Вухатий і Стукало-Дзьобало подякували за гостину, сіли у свій кошик і полетіли знову в дорогу.

Летіли вони на захід. Їм було тепло в кожушинах.

ЧУДО́ВИЙ КРАЙ

НА ПІВДЕНЬ ДО МОРЯ

— Дивися, Стукало-Дзьобало, — сказав Вухатий. — Там уже працюють люди. Вони дістають із землі нафту.

— Це ті компанії, що, як інуїти кажуть, нищать їхній край? — спитало Стукало-Дзьобало.

— Я думаю, що про них вони говорили, — відповів Вухатий. — Але нафта тепер усім потрібна. Треба ж якось її дістати.

— О, як бага́то кра́нів! Ха-ха-ха́! Які́ вони́ смішні́! Ні́би вели́кі польові́ ко́ники, що кива́ють голова́ми й дзьо́бають зе́млю. А лю́ди хо́дять між ни́ми, як мура́шки, — засмія́лося Сту́кало-Дзьо́бало.

— Спра́вді, як польові́ ко́ники, — сказа́в Вуха́тий. — Я ду́маю, що ми летимо́ до Ти́хого океа́ну. Ти́хий океа́н на за́хід від Кана́ди.

— Ба́чу, що ти зна́єш ма́пу Кана́ди, — сказа́ло Сту́кало-Дзьо́бало.

Летів ко́шик, летів, а Вуха́тий і Сту́кало-Дзьо́бало тро́хи говори́ли, тро́хи спа́ли. Ра́птом Вуха́тий прокинувся.

— О! — сказа́в він. — Де ж ми тепе́р, що так те́пло? Тут кожуши́ни не потрі́бні! Але́ нічо́го не ви́дно, бо таки́й тума́н ко́титься...

І Вуха́тий ски́нув із се́бе і кожуши́ну, й чо́боти. Сту́кало-Дзьо́бало тако́ж ски́нуло кожуши́ну і свої́ чо́боти й покла́ло їх на оди́н бік у ко́шику.

— Дивись, Вухатий, уже туман не такий густий. Дивись! Дивись туди на південь! Там пливуть кораблі! — крикнуло Стукало-Дзьобало.

— Це, мабуть, західний берег Канади, — сказав Вухатий. — Бачиш? Там пливе берегова варта.

— Я бачу міста! Які високі будинки! — закричало Стукало-Дзьобало.

— Було б цікаво відвідати деякі міста, — сказав Вухатий. — Крім білих, там живуть китайці, японці та інші люди зі східних країн.

— Чи багато там білих людей? — спитало Стукало-Дзьобало.

— Та є і білі, так як і всюди, — відповів Вухатий. — Тільки у цих містах на заході живе більше людей з Японії та з Китаю, ніж в інших містах Канади.

— А чому це так? — знову спитало Стукало-Дзьобало.

— Бо ближче до Канади, — відповів Вухатий. — Вони перелітають або перепливають Тихий океан — і вже в Канаді.

— Чи китайці та японці також учать дітей своєї мови? — спитало Стукало-Дзьобало.

— О, так! — відповів Вухатий. — Вони мають свої школи й доми, де діти вчаться рідної мови, музики, танців і різного мистецтва свого народу. Якби ми мали більше часу, то було б цікаво й до них залетіти.

ЛО́ВИ НА СЛОНІ́В

— За́раз ми бу́демо леті́ти на схід, че́рез го́ри, й поба́чимо сади́, — сказа́ло Сту́кало-Дзьо́бало.

— Так, ми бу́демо леті́ти че́рез Скеля́сті го́ри, — сказа́в Вуха́тий. — А чи ти зна́єш, Сту́кало-Дзьо́бало, що тут, у Скеля́стих го́рах, були́ ло́ви на слоні́в?

— Ні! Не мо́же бу́ти! — сказа́ло Сту́кало-Дзьо́бало. — Ло́ви на ведме́дів, о́ленів, ло́сів — так! Але́ на слоні́в? Тут, у Скеля́стих го́рах? Ніко́ли!

— Але́ це спра́вді так було́, — сказа́в Вуха́тий. — Про це писа́ли всі газе́ти у сві́ті. Сядь ось тут і я тобі́ розкажу́.

Улі́тку 1924 ро́ку приї́хав цирк до одного́ мі́ста в го́рах. Не зна́ти, чому́ так ста́лося, але́ чотирна́дцять слоні́в ви́рвалися із за́городи і втекли́ з ци́рку.

Робітники́ з ци́рку поїхали їх лови́ти, бо слони́ ду́же потрі́бні в ци́рку; крім то́го, вони́ могли́ бу́ти небезпе́кою.

У той час, коли чоловіки з рушницями шукали слонів, одна старенька індіянка зловила аж трьох слонів сама і без рушниці.

Це було так. Одного дня, коли старенька індіянка працювала на городі перед хатою, вона глянула вгору й побачила трьох слонів. Вона ще ніколи не бачила таких великих тварин і нічого не знала про цирк і про слонів, що втекли. Зі страху якнайшвидше вилізла вона на високу яблуню.

Кілька я́блук упа́ло на зе́млю.

Здиво́вано поба́чила вона́, як слони́ підійшли́ під я́блуню й почали́ ї́сти я́блука. Шви́дко вона́ поскида́ла всі я́блука з я́блуні. Слони́ ї́ли я́блука й не ба́чили, коли́ вона́ злі́зла вниз і побі́гла до сусі́да. Там їй сказа́ли, що то за твари́ни, й дали́ зна́ти до ци́рку.

Незаба́ром приї́хали робітники́ з ци́рку й забра́ли слоні́в, а старі́й індія́нці дали́ три́ста до́лярів нагоро́ди. «Так ле́гко заробля́ють гро́ші!» — сказа́ла стара́ й засмія́лася. — «Ті вели́кі твари́ни такі́ спокі́йні, ні́би коро́ви або́ сви́ні.»

Пізні́ше робітники́ злови́ли і́нших слоні́в, лиши́лося на во́лі ті́льки три. Коли́ вони́ шука́ли їх, тоді́ почу́ли стра́шні голосні́ зву́ки, ні́би з труби́.

Шви́дко під'ї́хали робітники́ бли́жче й поба́чили, що оди́н слон стоя́в, ні́би заморо́жений, на мі́сці. Він був таки́й переля́каний, що не міг ру́шитися, а

перед ним гралася маленька мишка. Коли слон побачив чоловіків, він радісно привітав їх і дав себе спокійно повести до цирку.

Залишилися на волі ще два слони. За ними гнався один індіянин. Одного слона побачили робітники з цирку і зловили, а за другим біг індіянин. Раптом слон обернувся та — на нього! Індіянин — у ноги та й забіг аж на малий міст, що хтось зробив через великий яр.

Слон прибіг до мосту і став. Індіянин зрозумів, що слон не піде на міст, і перебув на мосту цілу ніч. Уранці робітники з цирку знайшли їх, але не могли зловити слона. Вони побачили, що слон став дикий. Мусили його застрілити.

Так закінчилися великі лови на слонів у Скелястих горах у північній Америці, — закінчив Вухатий.

— Ти так цікаво розказував, що мені і спати не хотілося, — сказало Стукало-Дзьобало. — Ми вже десь у горах. Колись тут не було таких добрих доріг, як тепер. У піонерські часи Скелясті гори можна було переїхати тільки вузькою стежкою. Звичайно переїжджали дуже обережно на ослах.

— Тоді, коли знайшли золото в горах, більш як двадцять тисяч чоловіків перейшли ці гори небезпечною стежкою. Вони думали, що знайдуть багато золота і стануть багатими, — додав Вухатий.

ВЕРБЛЮДИ В ГОРАХ

— Золота гарячка! — крикнуло Стукало-Дзьобало. — Я чув про ті часи. Люди ще говорять про них. Тоді навіть думали, що може верблюд був би кращий до їзди в горах, ніж осел. Осел переходив шістнадцять кілометрів на день, а верблюд — п'ятдесят чи шістдесят кілометрів!

— Ну, й що сталося? Чи були там верблюди, чи ні? — спитав Вухатий.

— Певно, що були, — відповіло Стукало-Дзьобало. — Послухай. Я тобі розкажу. Тоді все, що було потрібне золотошукачам, перевозили ослами.

Юрко та Яким уже багато днів у дорозі. Ще трохи й вони от-от перейдуть дуже небезпечну частину стежки через гори. А за горою відпочинуть у печері.

Вони не доїхали до печери, бо ослам щось таке сталося. Частина з них дико вибігла вище на гору, а решта полетіла

зі стежки у воду — далеко вниз!

Юркові зашуміло в голові, потемніло в очах. Йому здавалося, що він бачить дивні тварини чи, може, ходячі горбки. Він так перелякався, що втік. Якийсь час пізніше Яким знайшов його під деревом. Він не хотів вірити Якимові, що то були правдиві верблюди.

«Верблюди? Що ж вони тут, у горах, роблять? Хто чув про верблюдів у Скелястих горах?» — питав він багато разів.

Юрко та Яким пішли за тим чоловіком, що провадив верблюдами. Він також перевозив поживу та інші ре́чі для золотошука́чів.

Чолові́к називався Федько́. Він шкодува́в, що таке́ ста́лося.

«Але́ хто нам запла́тить за осли́в?» — спита́в Юрко́.

«Мене́ вже не одні́ про те пита́ли,» — відпові́в Федько́. «Що ж я ма́ю роби́ти, коли́ осли́ як ті́льки занюхають, що верблю́д десь недале́ко, то відра́зу втіка́ють — як ди́кі?»

Але́ Юрко́ та Яки́м таки́ хоті́ли, щоб Федько́ заплати́в їм за осли́в і подали́ спра́ву до су́ду.

Бі́дний Федько́! По́ки почали́ його́ суди́ти, він поба́чив, що його́ верблю́ди не мо́жуть ходи́ти. Їхні но́ги м'які́ зі спо́ду, а камі́ння в го́рах їх натира́ли, ча́сто аж до кро́ві, і вони́ не могли́ ходи́ти. Федько́ хоті́в їх прода́ти, але́ ніхто́ не купува́в. Верблю́ди потрі́бні в го́рах так, як ведме́ді в па́сіці. Не було́ і́ншої ра́ди для Федька́ — і він відпусти́в свої́х верблю́дів на во́лю.

Деякі люди слідкували за ними, бо хотіли знати, чи зможуть вони вижити в горах. За п'ятдесят років вони зовсім зникли.

Федько кудись виїхав — і ніхто про нього більше не чув. Юрко та Яким купили собі знову ослів і переїжджали гори багато разів. За якийсь час поробили кращі дороги в горах, а потім уже їздили кіньми та возами.

ЧЕРЕЗ СКЕЛЯСТІ ГОРИ

— Тут уже весна. Як гарно! Цвітуть сади, — сказав Вухатий. — Бачиш, яке там далеко біле поле? То не сніг лежить, а яблуні цвітуть.

Вони так говорили й показували один одному те, що бачили, а кошик летів далі й далі на схід. За ними заходило сонце, велике й червоне. Віяв теплий вітер. Перший заснув Вухатий, а потім Стукало-Дзьобало.

Сту́кало-Дзьо́бало проки́нулось і закрича́ло:

— Вуха́тий! Вуха́тий! Ми вже перелеті́ли го́ри. Ви́дно фа́рми. Там пасу́ться коро́ви, а поля́ вже тро́хи зелені́ють.

— Фа́рми? Які́ фа́рми? — спита́в за́спаний Вуха́тий.

— Що з тобо́ю? Стої́ш, як той стовп! Ти не зна́єш, які́ фа́рми? Там сі́ють і ко́сять пшени́цю, — сказа́ло Сту́кало-Дзьо́бало.

— О!.. Фа́рми! І міста́ — сказа́в Вуха́тий. — А чи ти зна́єш Сту́кало-Дзьо́бало, що тут коли́сь не було́ фарм, ті́льки ліси́?

— Та чому́ б не знав, — відпові́ло Сту́кало-Дзьо́бало. — Я не раз чув, як Петрі́в діду́сь розка́зував про ті да́вні часи́.

— Так, він бага́то розка́зував, — сказа́в Вуха́тий. — Неда́вно розка́зав він ді́тям про одну́ смішну́ приго́ду.

ПРИГО́ДА ДІДУ́СЯ В НОВО́МУ КРАЮ́

— Бага́то люде́й поки́нули Украї́ну й приї́хали до Кана́ди, — поча́в Вуха́тий. — Ніхто́ з них не знав англі́йської мо́ви. Але́ між ни́ми був оди́н, що назива́вся Яки́м. І хоч він та́кож не вмів до́бре

говори́ти по-англі́йському, він хвали́вся, що вмі́є.

Одного́ дня покли́кали їх на пра́цю в лі́сі. Там ко́жний діста́в число́ — оди́н, два, три й так да́лі, скі́льки їх там було́.

— Яки́ме, — пита́ли чоловіки́. — На́що нам ті чи́сла?

— Як на́що? — відпові́в Яки́м. — Ти ма́єш оди́н, то ма́єш працюва́ти одну́ годи́ну, той — дві, а той — три... Число́ пока́зує скі́льки годи́н працюва́ти.

Не всі були́ задово́лені, але́ що роби́ти? Му́сили бра́ти те, що. даю́ть. Сказа́ли їм іти́ додо́му, а за́втра прийти́ вже на пра́цю.

Уранці зібралися біля будинку в лісі. Вийшов до них англієць. Він хотів завести їх на місце праці, але побачив, що одного ще немає.

Він не знав української мови, а вони не знали англійської мови. Тому, він показав на своє підборіддя й щось питав їх.

— Якиме, — всі звернулися до Якима. — Чого він тепер хоче?

— Хіба не бачите? — сказав Яким. — Він показує, що ніхто тут не має ні бороди, ані вус. У кого борода й вуса, той не може тут працювати.

Здивовані англійці не знали, що сталося. Усі чоловіки пішли до свого лісового куреня.

Але всі дуже скоро повернулися. Як тільки англійці побачили їх, вони так сміялися, що аж лягали. Між тими чоловіками, що прийшли на працю, ні один не мав ні бороди, ані вус!

— Ха-ха-ха! — засміялось Стукало-

Дзьобало. — Як то погано не знати мови. Тому я всім кажу, щоб училися якнайбільше мов, бо тоді буде їм добре, куди б вони не поїхали.

— Я також так кажу, — додав Вухатий. — Але, Стукало-Дзьобало, дивись! Я пізнаю ці міста! Скоро будемо вдома. Там десь і Петро на мене чекає.

— Так, Вухатий, — сказало Стукало-Дзьобало. — Колись, може, полетимо дальше на схід, аж до Атлантичного океану. А тепер я мушу тебе покинути. Як тільки прилетимо на подвір'я, де живе Петро, я зникну, і ти вже не будеш ні говорити, ні ходити. Ти знову станеш зайчиком, забавкою в Петра.

НАРЕШТІ ВДОМА

— О, Стукало-Дзьобало, ще не йди! Ходи зі мною до Пе... — почав Вухатий, але не закінчив. Стукало-Дзьобало зникло, залишилася тільки забавка — зайчик у кошику.

Раптом вітер сильно подув, кошик зачепився за дерево на подвір'ї, де жив Петро, і зайчик вилетів із кошика.

Са́ме в той час летіла вели́ка біла гу́ска. Вона́ поба́чила, що за́йчик па́дає й підлетіла під ньо́го. За́йчик упа́в на гу́ску, а вона́ з ним сіла на зе́млю. Тоді за́йчик посу́нувся з гу́ски і спокійно лежа́в собі у траві, а ди́ка гу́ска закрича́ла й полетіла куди́сь дале́ко.

Тара́с і Рома́н ба́вилися м'ячем на подвір'ї. Вони́ почу́ли крик ди́кої гу́ски і гля́нули на де́рево.

— Диви́сь, Тара́се, — скри́кнув Рома́н. — Там ко́шик на де́реві!

— Якщо́ це ко́шик, то десь там ма́є бу́ти й Петрі́в за́йчик, — сказа́в Тарас і побіг до де́рева.

Рома́н поліз по ко́шик, а Тара́с підійшо́в до де́рева.

— Є за́йчик! Є за́йчик біля де́рева! — закрича́в Тара́с. — Я занесу́ його́ Петро́ві, бо він за ним ду́же пла́кав, що аж засну́в.

Коли́ Тара́с приніс за́йчика, то Петро́

ще спав. Він поклав зайчика біля Петра й хотів тихо вийти, щоб його не збудити. Коли він зачиняв двері, вони рипнули. Петро прокинувся.

— Зайчику! Зайчику! Де ти бував? — закричав він і побіг до мами. — Мамо! Мамо! Дивіться, мій зайчик уже вдома.

— До́бре, Пе́тре, але́ не кричи́ так го́лосно, — сказа́ла ма́ма. — А то сусі́ди ще поду́мають, що тобі́ щось страшне́ ста́лося.

— За́йчику, за́йчику, скажи́ мені́, де ж ти бува́в? — запита́в Петро́.

Але́ за́йчик ті́льки ви́тріщив о́чі — ані́ сло́ва не сказа́в!

СЛОВО ДО ВЧИТЕЛІВ

«Ходіть зі мною!» — шоста книжка в серії розвитку мови учня. Тут продовжено поширення похідних слів, ужитих у попередніх читанках «Тут і там», «Друзі», «Школа», «Пригоди» і «Казки».

Нижче подано 678 слів. Між тими словами подано приблизно 100 слів, яких учень не буде часто вживати. Напр., імена «Арсліф», «Олаф», «Нуна», або чужі вислови «мерсі боку» та «сіль-ву-пле». Слова, що мають спільну основу з ужитими в попередніх читанках, сюди не враховано.

СЛОВА

7. ковбої
індіяни

8. мабуть
листівка
південь
ранчо
худоба
Канаді
Коваль

9. галло
Вухатий
дятел
Стукало-Дзьобало

10. таврування
саме
пасовисько

11. випалювати
клубах
телят
ласо
аркан
звалити
розпечене залізо
прикласти

12. куреня
двоповерхові (ліжка)
стерегтися

13. загороди
Тимко
Гнат
справжній

14. подобається
скине
перестане
фиркати
повід

15. здивовано
но
ї-пі
утомився
опустив

16. гі-гі-гі
простір
спробуй
сідлайте
ніч
зупинялися

17. заході
напоїти
ватри
каву
квасоля
гітарі

18. йодлю
вили
койоти
кухар
млинців
насмажив
бекону

19. у-рааа
родео
тиснуть
бички
участь
змаганнях
резерв
подія
Федько
Чибик
запишуться
пробував
парад
шукаєш

20. —

21. сотні
музику
чудові
оркестри
кінна поліція
прикрашених
шовкових

22. вишитій
убори

23. поні

24. Америки
та ну

25. понад
гуп

26. село
вігвамів
сторін
деякі
поїздом
кухня
шити
буйвол

27. преріях
парках
сушили
пемикан
шкіри
шатра
мокасини
кості
миски
отже

28. ватажок
племени
гау
Аблігамуч
вітає
лапку

29. кругленький
рівними
пухнатим
оповідав
Нокам
навесні
глянув
щур
стежкою
заблудив

30. молодої
Какакуч
загубитися
уважно
виднів
шкереберть
яму
йой

31. хапай
тягнути
учепився
щосили
трісь
відірвався
ніж

32. тішилися
гопака
порвалася
пояса
відрізав
смугу

33. скрутити
урвалася
розбила
губу
коричнева
маскує

34. кисипитин
Уно

35. невидимий
Абита
горді
Ошігея
штовхали
терпіла
ліпили
тверді
обличчя
волосся
Тіям
чарівний

36. успіх
дружиною
щастя

37. назустріч
обидві
пильно
хоч

38. вдарили

39. шкода
відважної
витримала

40. кори
чудовисько

41. плечі
скупала

42. стала
прекрасною

43. перегони
вершників
певна
головний

44. постріл
бочки
вісімкою

старту
виграє
нагороду

45. бах
пролунав
кинулися
пам'ятав
шалено
стримував
дух
заперло
мікрофону
гуми
трудно

46. цікаво
складали

47. Бондар

48. піонери
часто
квашену капусту
скорбут
обмін
корінці
риж
сік
клену
сиропу
лижви

49. дріжджі
полотна
канапу
стілець
піяніно

50. склянках
пахне
пхай

51. покуштували
порізала

смакують
звикнути
чашку

52. відгадає
треба

53. мови
здається

54. східня
п.с.
вістря
стріли

55. —

56. козаки
вбранні
шаблями
гетьман

57. Вусатий
погладив
татарами
нападали
продавали
рабство

58. боягузе
трохи

59. голубці
пампушки
наповнили
Білик
Олеся

60. стрій
концерті
вінок
стрічки
наслідують

61. проти
ворогів

62. спалили

63. злого
ей

64. наскочили

65. полон
оселедцем

66. відпускав

67. прямо
рай
вулику
Січ
степи
острів
завів
пасіку
борода

68. колін
справах

69. чикин башка
насолили

70. викопав

71. —

72. чорта

73. —

74. музею

75. лицарі
о

76. напис
модель

77. фортеця
оборони
рови

зводний міст
очерету
чайки
підсилювали
валами
мазали
глиною
майстерна
поселенці

78. Дніпрі
пороги
Запорозька
обвели
частоколом
дірки
гармати
мушкети
уздовж

79. важливих
довбуші
тарабани
вільне
окликами
голосували

80. булаву
бунчук

81. зброю
новиком
джурою
рушниці
лука
воювати

82. решта
визволяти
неволі
турки

83. шнури
пішки
босі

об
Криму

84. б
будинків

85. кораблях
ланцюги

86. будь ласка
щодня

87. сцені
ряди
Гонивітер

88. крутилися
плескали

89. розумію
покивало

90. бандурою
отаман

91. —

92. сірий
чеше
воркоче
муркоче

93. керує
частину
похід
ділив
окремо
сурми
попереду
інструментами

94. сагайдак
прапор
стіну

95. море
вибрали

96. зразу
ж
метрів
широкі
стовп
вітрило
покривали
смолою
проходила
в'язанки
тонула
шість
куль
пороху
п'ятдесяти
сімдесяти

97. крок
пхі
хвалять

98. замість
труба
піску
легкий

99. вартові

100. невільників
речей
північ
станеться

101. Марусю Богославку
війноньку
прощав
миленька
чорнобривенька
чужую
хустину
могилі

102. —

103. —

104. Ярослава
сніданку
монету
Володимира
Анна
королевою
Франції
тризуб
герб

105. бонжур
Жаслин
Києва
сіль-ву-пле

106. залі
плащі
поздоровляли
короля
війська
князівну
Генріх

107. згоду
скласти пошану
горіли
килими
сяяли

108. заніміли

109. знак
келихах
пальці

110. пардон

111. сопілках
вовків
лягали

112. перекусці
пластунки

113. у-ла-ла
гатдоґ

гамбурґер
кока-кола
раджу

114. мадам
Буланже

115. мерсі боку
б'єн веню

116. —

117. Раймсі
Лєвек
культурніший

118. Филип
портрет
Євангеліє
присягали

119. Софії

120. —

121. закони
судити

122. тестем
Европи
Гаральд
Норвегії
Єлисавету

123. заміж (вийшла заміж)
Сміливий
вікінгів
споріднена

124. бібліотеці
Олафа
Англію
Арсліф

125. вина
зазнав
познайомилася

бліде
густе
устах

126. мавпа
осел
закашлявся
висять
рукавів
зачесане
відвага

127. блоха
обережно
витерла

128. свободи
перегни
зустрічатися

129. подушками
тупала
голосила
вислала
вояками

130. змінилася
свічки
задоволений
пощастило

131. виставка
о-ре-ву-а
Джіна
італійка
Бет'є
голяндка
Чінґ Лінґ
китайка
Даруся
греки

132. німці
Робі

шотляндець
Ганс
бон-ом
справляють
ескімоси

133. скульптура
різьба
кераміка
тюлень
тотем
е
вази
ікони
мистецтво

134. глечик
волинку
учора

135. зошиті
баранцем
рідного
пошлю
привіт

136. ху-ху
посиніло
бр-р-р

137. інуїти

138. польовий бінокль
присів

139. каптуром

140. салати
колише
колиханочку

141. всюди
доказів
Христофор Колумб
Ла Верандрі

пів-білі
пів-індіяни

142. пам'ятник
сире

143. —

144. іглу
Нипук

145. —

146. потрібні
зашуміли
скіду
шурхнули

147. нюхати
ґазоліни
замовити

148. рачки
кита
заморожувач
спосіб
електрику
холодильники

149. цуценята

150. ух
крім
Отак

151. Нупа
товщ
посіченого

152. гок! гок! ї-ї-їп

153. крук
хитрун
далі
гачок

154. вудку
дивне

155. —

156. причепив
банк

157. брили

158. Таптуна
Налак
пілотом
браво
бажають
дбають

159. громадянами
тощо
багатший
образ
вклад

160. театри
гокей

161. пліті
Нуна
Катук
Кінуана
добривечір
накривай

162. пори року
наприкінці

163. уміяк
каяк
Диксі
Ренді
слухняна

164. бідна
чай

165. Туту
Кунґо
Тикталиктак
Шарі

налуатак
166. —
167. папір
пero
північне сяйво
168. —
169. парки
кусають
див
170. тютюн
горілку
171. появлятися
журнали
милом
інакше
172. математики
шахи
карти
подібні
джазову
телевізор
173. бінго
дорослі діти
зате
гуркочуть
мотоциклах
174. щодо
належить
здобути
призвичаєні
полярниками
нафти
компанії
175. нищить
посилають
зберегти

традицій
176. платити
фі-фі
177. —
178. —
179. —
180. —
181. кранів
кивають
океану
мапу
туман
182. відвідати
183. —
184. слонів
Скелясті гори
лосів
газети
цирк
чотирнадцять
185. —
186. долярів
волі
звуки
187. чоловіків
яр
188. вузькою
двадцять
тисяч
189. верблюди
гарячка
шістнадцять
кілометрів

золотошукачам
Яким
от-от
190. —
191. відразу
натирали
крові
192. слідкували
193. —
194. —
195. хвалився
число
196. підборіддя
197. Атлантичного
198. —
199. —
200. рипнули
201. витріщив

СЛОВНИК

Абита	— Abit (Indian name)	боягузе	— coward
Аблігамуч	— Ableegumooch (Indian name)	браво	— bravo
		брили	— blocks
Америки	— America	бр-р-р	— br-r-r
Англію	— England	будинків	— buildings
Анна	— Anna	будь ласка	— please, thank-you
аркан	— lasso, lariat, Ukrainian dance	буйвол	— buffalo
		булаву	— mace
Арсліф	— Arsleif	Буланже	— Belanger (surname
Атлантичного	— Atlantic	бунчук	— boonchook (Hetman's banner with horsetail hanging)
б	— would (auxiliary particle)		
багатший	— richer	важливих	— important
бажають	— want, wish, desire	вази	— vases
бандурою	— bandura, with a bandura	валами	— mounds, banks of earth
банк	— bank	вартові	— guards
баранцем	— with a ram	ватажок	— chief
бах	— bang (noise)	ватри	— campfire
бекону	— bacon	вбранні	— dressed
Бет'є	— Betje	вдарили	— hit, struck
б'єн веню	— bien venu (French for "You're welcome")	верблюди	— camels
		вершників	— horseback riders
бички	— steers	весла	— oars
бібліотеці	— library	вибрали	— elected, choose
бідна	— poor	виграє	— will win
Білик	— Bilyk (surname)	виднів	— flashed
бінго	— bingo	визволяти	— to liberate, to free
бліде	— pale	викопав	— dug
блоха	— flea	вили	— howled
Бондар	— Bondar (surname)	вина	— wine
бонжур	— bonjour ("good day" in French)	випалювати	— burn off, singe
		вислала	— sent out
бон-ом	— bonhomme	виставка	— display, show
борода	— beard	висять	— dangling, hang (ing)
босі	— barefoot	витерла	— wiped off
бочки	— barrels	витримала	— endured, stand no longer

витріщив	— goggled, stared	гамбурґер	— hamburger
вишитій	— embroidered	Гаральд	— Harold
віґвамів	— wigwams	гармати	— cannons
відвага	— daring	гарячка	— fever
відважної	— brave	гатдог	— hot dog
відвідати	— to visit	ґау	— How! (greeting)
відгадає	— will guess	гачок	— hook
відірвався	— broke off	Генріх	— Henry
відпускав	— grew (hair)	герб	— coat of arms
відразу	— immediately	гетьман	— Hetman (Kozak commander)
відрізав	— cut off		
війноньку	— war	гі-гі-гі	— hee hee hee
війська	— army	гітарі	— guitar
вікінгів	— Vikings	глечик	— pitcher, jug
вільне	— open, free	глиною	— with clay
вінок	— wreath	глянув	— looked
вісімкою	— figure eight	Гнат	— Hnat (name)
вістря	— arrowhead (sharp point)	ґок! ґок! ї-і-іп	— Hok! Hok! Yi-Yi-Yip! (Inuit command to dogs)
вітає	— greets		
вітрило	— sail	гокей	— hockey
вклад	— contribution	головний	— head, most important, main
вовків	— wolves		
волинку	— bagpipe	голосила	— screamed
волі	— freedom	голосували	— voted
Володимира	— Wolodymyr	голубці	— holubtsi (cabbage rolls)
волосся	— hair		
воркоче	— purrs	голяндка	— Dutch
ворогів	— enemies	гонивітер	— the Driving Wind (Ukrainian dance)
воювати	— fight		
вояками	— soldiers	гопака	— Hopak (Ukrainian dance)
всюди	— everywhere		
вудку	— fishing-line	горді	— proud
вузькою	— narrow	горіли	— burned
вулику	— beehive	горілку	— whiskey
Вусатий	— Vusaty (nickname)	греки	— Greeks
Вухатий	— Vuhaty (nickname)	громадянами	— citizens
в'язанки	— bundles	губу	— lip
газети	— newspapers	гуп	— thud, hup
галло	— hello	гуркочуть	— roar, rattle
Ганс	— Hans	густе	— thick

газоліни	— gasoline	завів	— set up, established
гуми	— rubber	загороди	— corral, enclosure
далі	— forth	загубитися	— to get lost
Даруся	— Daria	задоволений	— pleased, satisfied
дбають	— care	зазнав	— experienced
двадцять	— twenty	закашлявся	— began to cough
двоповерхові (ліжка)	— upper and lower (bunks)	закони	— laws
		залі	— hall
деякі	— some	заміж (вийшла заміж)	— married
джазову	— jazz		
Джіна	— Gina	замість	— instead of
джурою	— page (step in knighthood)	замовити	— to order
		заморожувач	— freezer, deep freeze
див	— wonders		
дивне	— strange, odd	заніміли	— became speechless
Диксі	— Dixie	заперло	— cut off, knocked out (breath)
ділив	— divided		
дірки	— holes	запишуться	— will register sign up
Дніпрі	— Dnieper		
добривечір	— good evening	запорозька	— Zaporozian
довбуші	— drummers	зате	— but then (on the other hand)
доказів	— proof		
долярів	— dollars	заході	— west
дорослі діти	— youth, teen-agers	зачесане	— combed
дріжджі	— yeast	зашуміли	— buzzed, hummed
дружиною	— wife	зберегти	— preserve
дух	— breath	зброю	— weapons
дятел	— woodpecker	звалити	— to bring to the ground
ей	— hey		
Європи	— Europe	звикнути	— to get used to
ескімоси	— Eskimos	зводний міст	— drawbridge
е	— oh	звуки	— noises, sounds
електрику	— electricity	згоду	— consent
Євангеліє	— Gospel	здається	— seems
Єлисавету	— Elizabeth	здивовано	— amazed, surprised
ж	— already (emphatic particle)	здобути	— get, acquire
		злого	— harm
Жаслин	— Jocelyn	змаганнях	— competitions
журнали	— magazines	змінилася	— changed
заблудив	— went the wrong way	знак	— sign

211

золотошукачам	—	gold seekers (prospectors)	Кінуана	— Kinuhana
зошиті	—	scribbler, writing book	клену	— maple tree
			клубах	— haunches hindquarters
зразу	—	at first	князівну	— princess
зупинялися	—	stopped	Коваль	— Kowal (surname)
зустрічатися	—	to meet	ковбої	— cowboys
іґлу	—	igloo	козаки	— Kozaks
ікони	—	icons	койоти	— coyotes
інакше	—	different	кока-кола	— Coca-cola
індіяни	—	Indians	колиханочку	— lullaby
інструментами	—	instruments	колише	— rocks
інуіти	—	Inuit	колін	— knees
італійка	—	Italian	компанії	— companies
ї-пі	—	yippee	концерті	— concert
йодлю	—	yodeloo	кораблях	— ships
йой	—	ouch	кори	— bark
каву	—	coffee	коричнева	— brown
Какакуч	—	Kakakooch	корінці	— roots
Канаді	—	Canada	королевою	— queen
канапу	—	chesterfield	короля	— king
каптуром	—	hood	кості	— bones
карти	—	cards	кранів	— cranes
Катук	—	Katook	Криму	— Crimea
каяк	—	kayak	крім	— besides
квасоля	—	beans	крові	— blood
квашену капусту	—	sauerkraut	крок	— step
			кругленький	— round
келихах	—	goblets	крук	— raven
кераміка	—	ceramics	крутилися	— whirled
керує	—	rules, governs	куль	— bullets
кивають	—	nod	культурніший	— more cultural
Києва	—	Kiev	Кунго	— Kungo
килими	—	rugs	куреня	— bunkhouse
кинулися	—	lunged	кусають	— bite
кисипитин	—	Kesepetin (Indian for "ends")	кухар	— cook
			кухня	— stove
кита	—	whale	Ла Верандрі	— La Verendrye
китайка	—	Chinese	ланцюги	— chains
кілометрів	—	kilometers		

лапку	— paw		мотоциклах	— motorcycles
ласо	— lasso		музею	— museum
легкий	— light		музику	— music
Лєвек	— Levesque		муркоче	— mutters
лижви	— snowshoes		мушкети	— muskets
листівка	— postcard		навесні	— in spring
лицарі	— knights		нагороду	— prize, reward
ліпили	— moulded		назустріч	— towards
лосів	— caribou		наказував	— ordered, commanded
лука	— bow			
лягали	— lay down		накривай	— set (table), cover
мабуть	— perhaps, maybe		Налак	— Naulloq
мавпа	— monkey		належить	— belongs to
мадам	— Madame (French for Mrs.)		налуатак	— naluatak (Eskimo game)
мазали	— smeared, coated		нападали	— attacked
майстерна	— masterly		напис	— sign
мапу	— map		наповнили	— filled
Марусю Богославку	— Marusia Bohoslawka		напоїти	— to give to drink, to water (horses)
маскує	— masks		наприкінці	— at the end
математики	— mathematics		народу	— people, nation
мерсі боку	— merci beaucoup (French for "thank you")		наскочили	— attacked suddenly
			наслідують	— imitate
			насмажив	— fried
метрів	— metres		насолили	— plagued
миленька	— darling		натирали	— rubbed
милом	— with soap		нафти	— oil
миски	— bowls		невидимого	— invisible
мистецтво	— art		невільників	— slaves
мікрофону	— microphone		неволі	— slavery
млинців	— pancakes		недавно	— not long ago, recently
мови	— language			
могилі	— grave		Нипук	— Nepook
модель	— model		нищить	— destroys
мокасини	— mocassins		ніж	— than
молодої	— bride		німці	— Germans
монету	— coin		ніч	— night
море	— sea		но!	— gee-up (to a horse)
			новиком	— beginner

213

Нокам	—	Nokum	папір	— paper
Норвегії	—	Norway	парад	— parade
Нуна	—	Noona	пардон	— pardon (French for "excuse me")
Нупа	—	Noopa		
нюхати	—	sniff, smell	парках	— parks
о	—	at	парки	— parkas
об	—	against	пасіку	— apiary
обвели	—	surrounded	пасовисько	— pasture
обережно	—	carefully	пахне	— smells
обидві	—	both	певна	— sure, certain
обличчя	—	face	пемикан	— pemmican
обмін	—	trade, exchange	перегни	— bend over
оборони	—	fortification	перегони	— races
образ	—	picture	перекусці	— lunch
океану	—	ocean	перестань	— stop
окликами	—	pronouncements, shouts	перо	— pen
			пильно	— fixedly, intently
окремо	—	separately, apart	пів-білі	— part white
Олафа	—	Olaf	південь	— south
Олеся	—	Olesia	пів-індіяни	— part Indian
оповідав	—	related, told	північ	— north
опустив	—	hung down	північне сяйво	— Northern Lights
о-ре-ву-а	—	au revoir (French for "good-bye")	підборіддя	— chin
			підсилювали	— reinforced
оркестри	—	orchestras	пілотом	— pilot
осел	—	donkey	піонери	— pioneers
оселедцем	—	herring	піску	— sand
острів	—	island	пішки	— on foot
Отак	—	Otak	піяніно	— piano
отаман	—	otaman (Kozak leader)	пластунки	— Girl Guides
			платити	— to pay
отже	—	therefore, so	плащі	— cloaks
от-от	—	just	племени	— tribe
очерету	—	reeds	плескали	— clapped, applauded
Ошіґея	—	Oschigeas	плечі	— shoulder
пальці	—	fingers	плиті	— stove, range
пампушки	—	doughnuts	повід	— rein (bridle)
пам'ятав	—	remembered	погладив	— stroked, smoothed
пам'ятник	—	monument	подібні	— similar
			подія	— event

подобається	— to one's liking	прикласти	— apply
подушками	— pillows	прикрашених	— decorated
поздоровляли	— brought greetings	присів	— squatted
познайомилася	— got acquainted	присягали	— took the oath
поїздом	— by train	причепив	— attached
покивало	— nodded	пробував	— tried
покривали	— covered	проголосили	— declared
покуштували	— tasted	продавали	— sold
полон	— captivity	пролунав	— (shot) rang out, resounded
полотна	— cloth		
полярниками	— Arctic workers	простір	— space
польовий бінокль	— field glasses, binoculars	проти	— against
		проходила	— seep
понад	— above	прощав	— said goodbye
поні	— pony	прямо	— straight
попереду або попереду	— in front, in the lead	п.с.	— P.S.
		пухнатим	— puffy
порвалася	— tore	пхай	— stick, push
пори року	— seasons	пхі	— phee (exclamation like "huh")
порізала	— cut, sliced		
порогами	— rapids	п'ятдесяти	— fifty
пороху	— gunpowder	рабство	— slavery
портрет	— portrait	раджу	— advise
поселенці	— settlers	рай	— paradise
посилають	— send	Раймсі	— Rheims
посиніло	— turned blue (from cold)	ранчо	— ranch
		рачки	— on all fours
посіченого	— chopped	резерв	— reserves
постріл	— shot	Ренді	— Randy
потрібні	— necessary	речей	— things
похід	— march	решта	— the rest
пошлю	— will send	риж	— rice
пощастило	— fortunate, lucky	рипнули	— creaked
появлятися	— appear, show up	рівними	— straight
пояса	— belt	рідного	— native (land)
прапор	— standard	різьба	— wood carving
прекрасною	— beautiful	Робі	— Robbie
преріях	— prairies	рови	— ditches
привіт	— greeting	родео	— rodeo
призвичаєні	— used to, accustomed		

розбила	— split	смакують	— taste
розпечене залізо	— branding iron	Сміливий	— Bold
		смолою	— with tar
розумію	— understand	смугу	— strip, strap
рукавів	— sleeves	сніданку	— breakfast
рушниці	— gun	сопілках	— flutes, reed pipes
ряди	— rows	сотні	— hundreds
сагайдак	— quiver (case for arrows)	Софії	— Sofia
		спалили	— burned
салати	— salads	споріднена	— related
саме	— just, exactly	спосіб	— way, manner
свічки	— candles	справах	— affairs
свободи	— freedom	справжній	— real
село	— village	справляють	— celebrate
сире	— raw	спробуй	— try
сиропу	— syrup	стала	— became
сідлайте	— saddle	станеться	— will happen
сік	— sap, juice	старту	— starting line
сіль-ву-пли	— s'il vous plait (French for "please")	стежкою	— along the path, trail
сімдесяти	— seventy	степи	— steppes
сірий	— grey	стерегтися	— to be careful
Січ	— Sich (name of Kozak fortress)	стілець	— stool
		стіну	— wall
Скелясті гори	— Rocky Mountains	стовп	— post, mast
скине	— throw off (buck)	сторін	— directions
скіду	— skidoos	стримував	— held back
складали	— were folding, presented	стрій	— costume (national)
		стріли	— arrow
скласти пошану	— pay respects	стрічки	— ribbons
		Стукало-Дзьобало	— Stukalo-Dziobalo
склянках	— glasses	судити	— to judge
скорбут	— scurvy	сурми	— trumpets
скрутити	— to twist	сушили	— dried
скульптура	— sculpture	східня	— eastern, east
скупала	— bathed	сцені	— stage
слідкували	— kept track	сяяли	— shone
слонів	— elephants	таврування	— branding
слухняна	— obedient		

Таптуна	— Taptuna	Уно	— Oona
тарабани	— drums	у-рааа	— hurrah
татарами	— with Tartars	урвалася	— broke, snapped off
тверді	— hard	успіх	— success
театри	— theatres	устах	— lips
телевізор	— television	утомився	— became tired
телят	— calves	ух	— ugh!
терпіла	— put up with, suffered	участь	— (take) part
		учепився	— took hold
тестем	— father-in-law	учора	— yesterday
Тикталиктак	— Tikta'liktak	Федько	— Fedko (Fred)
Тимко	— Tymko	фиркати	— bucking
тиснуть	— press	Филип	— Philip
тисяч	— thousand	фі-фі	— fie-fie
тішилися	— rejoiced	фортеця	— fortress
Тіям	— Tiyam	Франції	— France
товщ	— fat	хапай	— grab
тонула	— sank	хвалився	— boasted
тотем	— totem	хвалять	— praise
тощо	— and so on	хитрун	— sly rogue
традицій	— traditions	холодильники	— refrigerators
треба	— need	хоч	— though
тризуб	— trident	Христофор Колумб	— Christopher Columbus
трісь	— crack		
трохи	— a little	ху-ху	— hoo hoo (expressing blowing)
труба	— tube		
трудно	— difficult		
туман	— fog	худоба	— cattle
тупала	— stamped	хустину	— handkerchief
турки	— Turks	цирк	— circus
Туту	— Tuttu	цікаво	— interesting
тюлень	— seal	цуценята	— puppies
тютюн	— tobacco	чай	— tea
тягнути	— pull	чайки	— boats (Kozak)
убори	— head-dresses	чарівний	— magical
уважно	— carefully	частину	— part
уздовж	— along	часто	— often
у-ла-ла	— oo-la-la	частоколом	— palisade
уміяк	— umiak	чашку	— cup

чеше	— brushes (verb)	шити	— to sew
Чибик	— Chebec	шістнадцять	— sixteen
чикин башка	— chicken bashka (Tartar for "cut off his head")	шість	— six
		шкереберть	— head over heels
		шкіри	— skins
число	— number	шкода	— too bad
Чінґ Лінґ	— Ching Ling	шнури	— ropes
чоловіків	— men	шовкових	— silk
чорнобривенька	— dark-eyed	шотляндець	— Scottish
чорта	— devil	штовхала	— poked
чотирнадцять	— fourteen	шукаєш	— looking for
чудові	— wonderful	шурхнули	— whizzed
чудовисько	— monster (ugly creature)	щастя	— luck, fortune
		щодня	— everyday
чужою	— strange	щодо	— as for
шаблями	— with sabres	щосили	— with all strength
шалено	— wildly	щур	— muskrat
Шарі	— Shari	Яким	— Joachim
шатра	— tents	яму	— hole
шахи	— chess	яр	— ravine
широкі	— wide	Ярослава	— Yaroslaw

ACKNOWLEDGEMENTS

Grateful acknowledgement is made to the following for their assistance in developing "Khodit' zi mnoyu" the sixth book in the language development series for children learning Ukrainian:

— Teachers of the Ukrainian-English bilingual classes in the two Edmonton school systems for suggestions regarding the content of the book.

— David Anderson, Jocelyn Belanger, Anna Eliuk, Hryhorij Fil', Olga Fil', Lilea Hornjatkevyc for suggestions and editorial assistance.

— The Department of Education of the Province of Alberta and the Department of the Secretary of State, through the Minister responsible for multiculturalism for making funds available for a reading series which would complement a language development program for children learning Ukrainian.

— The Ukrainian Canadian Professional and Business Federation which received the Federal contribution and coordinated the publication of this series.

www.ingramcontent.com/pod-product-compliance
Lightning Source LLC
Chambersburg PA
CBHW072154070526
44585CB00015B/1142